アニメ サザエさん実況

あさひが丘サザエ実況同好会――著

TETSUJINSYA

まえがき

近年、アニメ『サザエさん』の放送内容がよく話題になっていることはご存知だろうか。中でもとりわけ、作中の〈ヘンな展開〉〈登場人物の変わった言動〉が取り沙汰されることが多い。アニメ『サザエさん』を長い間見ていない人なら、もしかしたら「そんなことになっているの!?」と驚いてしまうかもしれない。例えば以下のような感じ…

■堀川くんが奇行を連発し視聴者を唖然とさせる
■ノリスケが磯野家にお酒や食べ物、果てはお金をタカる
■早川さんが色香でカツオを手玉にとる　など

こうした話題の盛り上がりは、掲示板やSNS（ソーシャル・ネットワーク・サービス）といったインターネット上のファンコミュニティの間で、可視化される。つまり番組放送中に、リアルタイムで視聴者が書き込みを行い（〈実況〉という。詳細は10ページ参照）、キャッチーなトピックは瞬く間に拡散されていくのだ。

続けて、ネット上の話題に敏感な一部のニュースサイトなどに取り上げられると、更に広い範囲に伝わっていく……。国民的アニメならぬ、現代的アニメの視聴方法と言っていいだろう。

そうした傾向を反映した紙媒体の記事もある。

例えば、コラムニストの辛酸なめ子は『読売新聞』での連載コラム「じわじわ時事ワード」で、一風変わった言動でインターネット上のアニメ『サザエさん』ファンの話題をさらうキャラクター〈堀川くん〉を気になる存在としてとりあげた（２０１５年８月19日夕刊）。『女性自身』２０１２年８月14日号では【「さ〜て、最近のサザエさんは…」何かヘン！】と題し、一時期頻繁に登場した金髪のチャラ男〈大工のジミー〉や、常軌を逸した展開が話題になった「全自動タマゴ割り機」、波平が少女漫画家のサイン会に行く「父さんマンガの星」などがファンの間で話題になっていると紹介。アニメ『サザエさん』のシナリオライターの一人である雪室俊一氏のコメントも併せて掲載している。この記事ではインターネットについては触れられていないが、登場するエピソードは、どれもネット上のアニメ『サザエさん』ファンの間ではよく話題にされたものだ。

ここまで読んで「アニメ『サザエさん』は昔と変わってしまったのか？」と思われる読者もいるだろう。

確かに変わっている部分はあるのかもしれない。とはいえ、今のアニメ『サザエさん』が突拍子も無い展開ばかりというわけでは勿論ない。一般的に想像されるだろう、歳時記的だったり、家族の穏やかなドラマを描くような一面も同様に健在であることは伝えておきたい。

そして「アニメ『サザエさん』の内容が大きく変わったというより、楽しみ方が新たに発見されたのが大きい」と筆者は考えている。大事な部分なので言い直すと、〈国民的アニメ〉の楽しみ方が大きく変化したのだ。その大きな転機のひとつは〈インターネット〉という新たなメディアの台頭なのである。

本書ではアニメ『サザエさん』の変わったもの、変わらないもの、そして新たに発見されたものを、インターネット的な解釈、特に〈実況〉というキーワードから取り上げる。「そもそも〈実況〉とはなんぞや」から始め、〈実況〉というフィルターを通し、近年注目されているアニメ『サザエさん』の愉快で楽しい魅力を再発見、再評価しようというのが、本書の大きな趣旨である。

本書を読み終わった後、是非現在のアニメ『サザエさん』を視聴してそれらを実感してほしい。それが筆者のささやかな願いのひとつである。

サザエさん実況　目次

chapter 2

chapter 3

chapter 1

本書を読む上での注意点

本書で「No.」と記される番号は、アニメ「サザエさん」の作品ナンバーである。
例：「うちのお兄ちゃん」（No.6578）

本書を読む前に

サザエさん〈実況〉の基礎知識

あくまでもスラングなので、辞書にも登録されていない

近年インターネットの世界でよく見られる〈実況〉とは、目の前で起きている様々な事象に対しての説明、反応、感想などのコメントを、リアルタイムでネット上に連続して投稿する行為を指すスラング（俗語）だ。

そもそも実況という言葉は「現実のありのままの姿。実際の状況」といった意味である。ただし日常生活で使う場合は、ＴＶやラジオにおいてニュースやスポーツの〈実況〉をアナウンサーが言葉で説明する〈実況中継〉〈実況放送〉の略語として用いられることが多いだろう。インターネット上で多く見られる〈実況〉もここからきていると見てもらっていい。

あくまでもスラングなので、辞書にも登録されていない字義だ。かなりくだけた若者言

葉が収載されることで知られる『現代用語の基礎知識』（自由国民社）にも２０１９年現在までには入っていないようだ（いわゆる〈ゲーム実況〉〈実況動画〉は取り上げられているが、また別の話になってくるのでここでは省略する）。

〈実況〉についてWikipediaではこう書かれている。

「実況中継から転じた、掲示板等に現在の状況を書き込む行為を指すインターネット上のスラング。実況板等で行われる。実況プレイ等。テレビとのダブルスクリーン視聴スタイルもある。」（２０１９年７月現在）

こうした〈実況〉は「５ちゃんねる（２ちゃんねる）」のような匿名掲示板や、「Twitter」のような短文投稿サービスなどで多く見ることができる。５ちゃんねるならば実況専用の〈板〉にそれぞれの実況対象を特定した〈スレッド〉を設けることで人が集まるし、Twitter ならTweet（投稿）の中に組み込まれた〈ハッシュタグ〉機能から、その対象をリアルタイムで実況しているユーザーを探すことができる。同じテレビ番組を見て、似たような感想を抱いている人、逆に正反対の感想を持っている人を見つけることで、リアルタイムならではの共感や驚きを得ることもできるだろう。

実況する対象はさまざまだが、今でもやはり最新のニュースを含めたテレビやラジオの番組が多いのではないかと思う。Twitter では、日本テレビの「金曜ロードショー」にて宮﨑駿監督の映画『天空の城 ラピュタ』が放送されるたびに、かの有名なシーンのタイミングにあわせて34万を超える「バルス」という投稿が集まる。この変わった現象はネット上のニュースでも度々取り上げられるようになってきた。

他にも野外で行われるような大きなイベント会場や、事故現場に居合わせた人々がネット上でその場所について投稿し合うのも広義の〈実況〉だといえるだろうし、また数少ない仲間内で示し合わせ、同じ時間に同じDVDを再生して実況し合うというような小規模なイベントを見ることもある。ひとくちに〈実況〉といっても、多様なあり方が存在するのだ。

匿名性が高い「Twitter」は実況と相性が良い

日本のインターネット上において〈実況〉の存在が目立ち始めたのは2010年代に入ってからのことであるが、90年代頃からパソコン通信、チャット、BBS（掲示板）などにも似たようなコンテンツの消費スタイルは存在していた。

特に人数規模としての爆発的拡大が起きたのは、匿名掲示板「2ちゃんねる」に開設された実況板の誕生が大きかったようだ。2001年9月22日「芸能ch板」新設に始まり、次第にジャンルごと、テレビ局ごとなどの「○○実況板」が次々生まれ、多くの〈2ちゃんねる用語〉を駆使した自由なコメントが多く投稿された。〈実況〉というスラングもここから普及したものではないだろうか。

総務省の統計上、日本のインターネットの世帯別普及率が特に爆発的に伸びたのは1999年から2002年頃の時期。ADSLや光通信が一般的となり通信料金的にも手軽になったのがこの頃で、それまで少しずつ蓄積されてきたインターネット上のある種アングラな文化が、ここでひとつの成熟を迎えたという流れは、おおざっぱな理解としては間違っていないだろう。

2000年代初頭、インターネット上に見られる文化の花形のひとつであった「2ちゃんねる」の閲覧者数の多さ、匿名掲示板という最低限のローカルルールさえ守れば、なんでも率直に書いていいという自由度の高さの中で〈実況〉の文化も育まれた。

2005年になると動画共有サイトの草分けである「YouTube」が開設。投稿数の増加に従い大きな人気を呼ぶようになる。その後追いサービスのひとつとして翌年生まれた「ニコニコ動画」が〈実況〉の世界の違う側面を生み出した。

ニコニコ動画の最大の特色は、視聴者が再生中の動画そのものにコメントを書きこみ、そのコメントが投稿と同じタイミングの画面上に流しそうめんのように流れるという新しいスタイルだった。動画を見ると過去に同じものを見た多くのユーザーによって書き込まれたコメントが流れてくる。コメントに対するコメントが次々上乗せされ、人気動画になると、コメント表示設定をオフにしないと肝心の動画そのものがまともに見られなくなるようなものもある。

「ニコニコ生放送」「ニコニコチャンネル」ではユーザーや運営会社によるオリジナルコンテンツだけでなく、地上波のテレビ局で放送されるようなアニメやバラエティ番組の公式配信もなされるようになり、ここもまた現在に続く〈実況〉の主だった場所のひとつといえるようになった。

そして、2008年に日本語版のサービスが開始されたのが「Twitter」だ。140文字に制限された短文をテーマに関係なくぽんぽんと投稿できるTwitterのシステムは、2ちゃんねるのようにわざわざ特定のテーマを指定した場所を作ったり探す必要がなく、自分の作った箱庭のようなスペースの中で自由に〈実況〉を楽しみ、共通の趣味をもつ別のアカウントとそれを共有することが可能になった。mixiやFacebookに比べユーザーの匿名性が高いところも〈実況〉との相性が良かったようだ。

他にも、例えば独自のアニメ系二次創作文化で知られる掲示板「ふたば☆ちゃんねる」や、各種ライブ動画配信サービスのように〈実況〉の舞台は無数に存在する。現在もそれぞれの場所で生まれた流行語が互いに流入しあいながら、各々の特色を生かした〈実況〉の文化が続いている。

「サザエさん」放送中の投稿は4300ほど

〈実況〉に関する基礎的な知識を紹介したところで、そろそろ話をアニメ『サザエさん』に戻そう。

多くのアニメ番組がそうであるように、インターネット上にはアニメ『サザエさん』を毎週のように実況する人が一定数存在する。

考察のしがいのあるようなシリアスな物語のアニメならともかく、アニメ『サザエさん』でわざわざそんなに話すことがあるのか？　と意外に思うかもしれない。実際に例えばTwitterのTweet検索機能で、アニメ『サザエさん』を実況していることを表明するためのハッシュタグ「#sazae」あるいは「#sazaesan」で検索してみれば、世の中にはこんなにアニメ『サザエさん』を大真面目に見ている暇じ……いや好事家がいるものだと驚かされることだろう。

この二種のハッシュタグをつけたTweetは、例えば2019年7月28日のアニメ『サザエさん』放送中の範囲で見てみると4300件ほど投稿されていた。ハッシュタグをつけずに投稿するアカウントもあるし、仲間内だけの独自のハッシュタグを使うケースもあるので、これがすべてというわけではない。ちなみにこの約4300という数字は、アニメ番組の〈実況〉全体で言えばさほど多い方ではない。ガンダムシリーズなどアニメファンに注目度が高い番組だと、公式ハッシュタグだけで30分一話につき2万、3万ほどのTweetが投稿されている。視聴率で言えばアニメ『サザエさん』の方が高いわけであるが、アニメ『サザエさん』はいわゆる流行のアニメとは対象となる視聴者の層も違うので、これでも意外と多い方といえるだろうか。ネット上の熱心なアニメファンからの支持率の目安くらいにはなるかもしれない。やはりわざわざアニメ『サザエさん』を実況するというのは少し変わり者ということか……。

様々なスラングが作品ごとに生み出される

アニメ番組の〈実況〉の中でもっとも特徴的なのは、アニメファンの間でだけ使われるようなローカルなスラングが多数飛び交うところだ。例えば『現代用語の基礎知識』にもとりあげられた「マミる」という言葉。TBS系で放送された深夜アニメ『魔法少女まどか☆マギカ』の内容から生まれた「怪物に頭から食べられている様子、描写」を指すネット上の俗語だ。この言葉自体は正確には実況中に生まれたわけではないようだが、アニメファン全体に知れ渡ったのは〈実況〉で多くのユーザーにとりあげるようになったことも影響されているだろう。『まどか』由来でもっと実況に密接した言葉なら「謎の白い液体」

だろうか。これは同作最終回放送中にしつこいくらい頻繁に流された同局の番組『THE世界遺産』の宣伝で連呼されたナレーションが人気を呼び、『まどか』ファンの間で多数の二次創作（パロディ）を呼んだパターンだ。

このようにアニメの内容、登場人物を指した、あるいは「白い液体」のような場外乱闘じみたものまで、様々なスラングが作品ごとに生み出され、アニメ〈実況〉の場は一種の坩堝と化す。こうしたスラングはひとつの番組に収まらず、他の作品にも転用される例、作品を飛び越えてオタクの共通語のようにオフラインでも長く使われるようになるものなどもあり、最近でいえばなんにでも「すごーい○○のフレンズなんだね」とかいうような一派も登場するわけだ。

生意気な行動を取ると「タラヲ氏ね」

当然のようにアニメ『サザエさん』でも同様のスラングが多数存在する。

代表的なものは、ノリスケを「ハイエナ」、花沢花子を「嫁」と呼んだりするようなあだ名のパターンだ。わざわざ磯野家でご馳走を食べるタイミングを狙って訪ねてきたり、居酒屋で波平に金を無心するようなちゃっかりもののノリスケを指したのが前者。後者はカツオに対して熱心な花沢花子が事あるごとに「将来は花沢不動産を継いで」とアピールし、いたずらの罪で追われるカツオを助けたりするような献身的な様子から、容姿以外はお嫁さん向きの女性という肯定と揶揄が同居したような意味を込めて呼ばれている。

あるいはテンプレート（お約束）パターンとでもいうべきもの。オープニングテーマの一節にあわせて「今日はいいテンキー」としてみたり、波平の有名な台詞「バッカモン！」に対して「Back come on!」、「左様」に対して「Say yo!」という「空耳アワー」的な投稿をしたりというパターンだ。詳しくは後に触れるが各話の冒頭に出るスタッフクレジットを指して「開幕雪室」「城山生存確認」などと投稿してみたりするのも、テンプレートの一種だろう。

また……多くは触れないが下品な言葉遣いが多いのも特徴だ。これは〈実況〉の舞台が多く匿名の場である以上多少は仕方がないのだが、下ネタあるいは、作中の人物を必要以上に蔑視するような投稿は探せばすぐに見つかるのではないかと思う。

ある意味でアニメ『サザエさん』の〈実況〉における代名詞的なスラングである「タラヲ氏ね」は、2ちゃんねるの2002年の書き込みが確認できる最古だと思われる。アニメ『サザエさん』をとりまくスラングの中でもかなり古いものになると思われるが、これは……この種の媒体では説明しづらいのだが、要するにタラオに対する蔑称のようなものだ。作中、タラオが新しい言葉を覚えてはしゃいで乱用したり、多少わがままで頑固だったりする部分。それは3才の子供らしさを表現する描写ではあるのだが、ネット上ではこうした行動に対して生意気だとして「タラヲ氏ね」という向きがあるのも確かだ。

こういった言葉を使う者には、本気で言っているケースと、冗談としてノリで用いているケースがあるだろう。本当に作品に対して嫌悪感を抱いていたら、そもそも日曜の夕方にわざわざアニメ『サザエさん』を見ることはないと思うので、ひとつの歪んだ愛の形として紹介しておきたい。もちろん実況する人すべてがここ紹介したような下品な言葉遣いをするわけではない。

右記の他にもあげていけば「レアBGM」「レア脚本家」「これは○○な奴が悪いだろ」「○○という名の○○」「クソオチ」「公園メソッド」……など様々な独自のスラングが多用されているし、数名の仲間内だけで使われている俗語も無数に存在する。その中のいくつかに関しては本書内で詳しく取り上げて紹介していきたいと思っている。全国流通される紙媒体である都合上、先に挙げたような下品な表現は極力排除するように努めているが、ここで取り上げた点もまた、良くも悪しくもインターネットらしい特徴であり、そこに魅力を感じる人がいることも書いておこう。


今日もネット上のいろんな場所でアニメ『サザエさん』を思い思いに楽しんでいる人がいる。なんとなく昔からの習慣でテレビを見ている層がたまたま実況するパターンもあれば、原作漫画まで熟読した上で「今週はこのネタを持ってきたかー」などと腕を組み組み見ている上級者（!?）もいる。多様な視点がインターネットを介して、ひとつの作品について投稿し合っている光景は、ともあれ面白い現象であることには間違えないだろう。作中にパソコンがでてこないアニメ『サザエさん』の世界が、インターネットの世界で語られているというミスマッチ感もなんとも面白い。
そんな〈実況〉という、関わりのない人には奇異に見えるだろう世界の視点から見えてくるアニメ『サザエさん』の魅力。その一端を示すのが本書の目的のひとつであるはずなのである。

参考文献
総務省情報通信統計データベース内「インターネット」
http://www.soumu.go.jp/johotsusintokei/field/tsuushin01.html
オリコンニュース内「「バルス」1分間で34万5397ツイート 今年も盛り上がる」
http://www.oricon.co.jp/news/2065361/full/
「同人用語の基礎知識」内「実況」
http://www.paradisearmy.com/doujin/pasok_jikkyou.htm
Wikipedia「実況」「実況ｃｈ」

実況的
サザエさん キャラクターあるある

原作、アニメを問わず『サザエさん』の魅力は、まず登場するキャラクターたちにあるだろう。本項ではアニメ作品を賑やかに彩る登場人物たちについて、〈実況〉的要素を交えつつ紹介してみたい。

ただし、紙幅にも限界があるため、ここではメインキャラクターである磯野家、フグ田家、そして波野家の面々ならびに、本書レビューで主に取り上げる2012年から2015年にかけての『サザエさん』で、特に目立った活躍をしているキャラクターたちに絞って紹介する。

フグ田サザエ

いわずと知られた主人公。磯野家の長女で、マスオに嫁入りしたので「フグ田」姓。24歳。表裏のない明朗快活な性格で周りの人々からも愛されているが、おっちょこちょいで、よく勘違いを起こしたりうっかりミスすることも多い。「世話がやけるヒト」（№６９０７／２０１３年３月３日放送）など、サザエが失敗するオチの原作四コマをいくつも数珠のように繋げてつくられた回が、定期的に放送されるのも、そのイメージに拍車をかけているだろう。

性格がはっきりしている分騙されやすいところもあり、カツオのいたずらの標的にされることもしばしば。カツオを追いかける描写は毎週のように見られるお馴染みの光景だ。勿論主婦としては、時に失敗こそすれど、日々真面目にこなしているし、マスオや、タラオを優しくみつめる妻であり、母でもある。

特技は「ゴリラのマネ」で同窓会に出席する回［例えば「久しぶりの同窓会」（№６６７３／２０１２年9月9日放送）］などでは「あれをやってよ！」といわれ、よく披露する（原作では朝日文庫版32巻Ｐ１４０に相当）。

ちなみに「ハッピーバースデイ」（№93／１９７０年5月3日放送）はカツオとワカメを中心に展開するお話で、アニメ版では唯一サザエが登場しないという珍しい回である。

磯野波平

磯野家の家長。54歳。山川商事に勤務しているサラリーマン。

てっぺんに生えた一本の髪の毛がトレードマーク。これを異様に大事にしており、一本の髪の毛に必死にドライヤーをあてる姿を見て、カツオらからいやみをいわれる原作四コマ（朝日文庫版31巻P１２１）などはアニメでも定期的につかわれる。

頑固で厳格な父親というイメージが強いが、気分屋で意外と調子に乗りやすいところもあるのはまさしくサザエやカツオの父親といったところ。家の外ではうっかりミスをしたり、特に酒の場での失敗が多く、自分がどこにいるのかすらわからなくなるほど酩酊し、お巡りさんのお世話になるというシーンがしばしば登場するほどだ。ちなみに原作では子供たちを叱ることこそあれ、どちらかというと後者が強調されることが多く、普段からとぼけたお父さんというイメージが強い。

アニメでのカツオやサザエらを叱る際の「ばっかもーん！」は代名詞と呼べるほどお約束の台詞となっているが、原作では四コママンガという制約もあるのか、その類いのシーンはさほど多くはない。

ちなみにネット上の〈サザエさん実況文化〉では「ばっかもーん！」が登場すると「Back come on!」と〈空耳アワー〉の逆バージョンのようなコメントが多く寄せられるのが面白い。

磯野フネ

波平の妻。年齢は50代だが、正確なところは内緒だそうだ（原作では48歳設定）。原作では怒りや嫉妬で激しい気性をあらわし、時に暴力に出ることもあるフネだが、近年のアニメでは家事を完璧にこなし常に笑顔で家族を優しく支える欠点のない「良妻賢母」であることが多く、「日本のお母さんの代表」とでもいうべき磯野家の良心とも呼べる存在だ。サザエやカツオを叱る際や、波平とケンカをする時でも、声をあげず落ち着いた雰囲気を漂わせ、非常に上品なキャラとして描かれる。

それ故に「母さんに休みを与えよう」というエピソード「例えば「母さんの夏休み」（№.7503／2016年8月7日放送）」が高頻度で登場するが、大抵男たちの失敗で余計な仕事をさせられるはめになるというオチもお約束だ。

フグ田マスオ

サザエの夫。28歳。大阪生まれで、早稲田大学商学部卒業後に海山商事に就職し営業課の係長として勤務している。

高学歴なのもありどうやら頭はいいらしいが、不器用な性格が幸いして、失言してしまうことが多いのは原作でもアニメでも共通している。

アニメでは、特に家の中で腰が低く、波平やフネに対して常に敬語で話し、波平のいうことに「その通りです」と同調する場面が多い。一方で原作では意外と自由人で兄貴分なところがあり、カツオやワカメともフランクにつきあい、時には波平にいたずらをしかけたり、タメ口で会話するシーンもある。

アニメのマスオの柔らかい印象から転じて、妻の実家に同居し、特に舅や姑に頭の上がらない婿を〈マスオさん〉と呼び、1989年には「マスオさん現象」として流行語になったのも、アニメ『サザエさん』が広く人々に愛されている故といえよう。

特技はフライパンでホットケーキをつくりながら、宙返りをすること（原作では朝日文庫版27巻P81）で、運動神経は妻のサザエに負けず劣らず高いようだ。

磯野カツオ

磯野家の長男。11歳。坊主頭がトレードマーク（こだわりがあるらしい）な、運動が大好きで、やんちゃな男の子。原作ではやんちゃ一辺倒なところがあるが、アニメではタラオやイクラに対して優しい保護者的な面を見せることも。

学校の成績はからっきしだが、勉強以外のことに関しては頭の回転が異様に速く、特にいたずらをする時の悪知恵や、家族が何か隠し事をしている時の詮索では小5とは思えない洞察力をはたらかせる。ただし、ツメは甘く、カツオの行動やタラオについた嘘の知識などからトラブルに発展してしまうことも。そのせいで自業自得ではあるが、何かおかしなことがあると波平やサザエからすぐ「カツオの仕業」と決め付けられることも多く、度々冤罪の憂き目に遭うことも。

名劇中歌「カツオくん（星を見上げて）」に歌われる通り、ナルシストなところがあり（例えば朝日文庫版33巻P109）、また女の子に惚れっぽい性格で、特に級友の女の子、かおりや早川と好きなものなど共通の接点ができると、よころんで張り切ってしまうこともしばしば。

またアニメのスペシャル放送で用意される磯野家旅行編では、多くの「マドンナ」と呼べそうな女の子が登場し、大抵カツオは恋に落ちてしまう［例えば「磯野家北へ飛ぶ」（2003年11月9日放送）、「初旅初夢初笑い」（№6420／2011年1月2日放送）など］。その姿はまるで『男はつらいよ』の寅さんのようだ。

磯野ワカメ

磯野家の次女。９歳。童話や人形遊びなど小学生の女の子らしい趣味が多く、古い服をいやがったりおしゃれにも関心が高いようだ。

原作では言葉の勘違いをするネタも多く、まだ幼い子供といった印象だが、アニメではタラオがその役を受け持つことが多く（ワカメのエピソードとして使用する際はもう少し小さかった頃の回想として使われることが多い）原作に比べると随分お姉さんな印象だ。特に最近ではクラスメートである堀川の奇行に悩まされる苦労人としての側面もあって、更に強調されてきているといえるだろう。

とはいえ時にはわがままをいうこともあり、色々なものに影響を受けやすい。将来の夢もコロコロ変わったり、なりきりごっこも好きなところは等身大な小学生女子らしい［例えば、ピアノをほしがりひと騒動おきる「ワカメのピアノ」（№．７０２１／２０１３年11月10日放送）、ＤＪワカメを名乗る「ワカメ放送局」（№．７３７７／２０１５年11月29日放送）など］。

フグ田タラオ

サザエとマスオの息子。3歳。まだ幼いが大人たちのいうことにも素直に従う可愛らしい男の子。

素直なのがいいところなのではあるが、何か物事に夢中になるとそればかりの行動になったり、大人たちの発言から知った新しい知識をおもしろがって、意味も理解できないまま真似をしたり。更にはカツオのいたずらでわざと間違えた情報を吹き込まれて、それを素直に乱用したりしてしまい、それが作中の事件に発展することも。例えば「つまらないタラちゃん」(№7108/2014年5月4日放送)は大人たちの使う謙遜としての「つまらないもの」を、おもしろがって乱用するというエピソードだ。

こうしたタラオの言動は作劇の関係上、磯野家内外の人々に迷惑をかけるような事態に展開しやすく、しかも「幼い子どもがすることだから」と大目に見られてしまうことも多い。ネット上の〈サザエさん実況文化〉においては、タラオが優遇されやすいアニメ『サザエさん』の世界を見て、「また、ろくでもないことを」、「タラヲ氏ね」などと表現することもある。ちょっと冗談にならないような表現だが、本当にそう思っていたらわざわざアニメ『サザエさん』を見ないと思われるので、こうした表現もインターネットらしい一種の歪んだ愛なのであろう……多分。

アニメ『サザエさん』を長年支える、ベテラン脚本家・雪室俊一氏はタラオやイクラの、大人にはなかなか感じることのできない子どもならではの感性〈こども感覚〉を大事にすることをひとつの信条としており、サザエさん放送45周年を記念したバラエティ特番「サザエさんの秘密徹底解明ＳＰ」（２０１３年11月26日放送）に出演した際に語った「タラちゃんは鉱脈」という発言も印象深い。

波野一家

波野ノリスケ

波平の妹の息子で、甥にあたる。24～26歳程度の設定。原作では新聞記者だったが、アニメでは出版社で雑紙の編集者をしており、磯野家の隣に住む作家・伊佐坂難物先生を担当。原稿を預かりに行く時などついでに磯野家に寄ることも。

仕事こそ真面目にこなしているようだが、図々しくお調子者でケチな性格が災いして、人に迷惑をかけることが多い。波平にお金を借りて返せないので磯野家に近寄れないと発言したり、お金がないのに波平やマスオを呑みに誘ってお金を払わせたり、伊佐坂先生の原稿を待っている間、磯野家で昼寝をしたり、冷蔵庫の中の食べ物を勝手に食べたことからトラブルに発展したり……。

よく食べ物やお金をあてにして、磯野家に頼ることから、ネット上の〈サザエさん実況文化〉では俗に〈ハイエナ〉、果ては〈クズ〉と渾名されることもしばしば。カツオ、サザエに次いで波平に叱られることも多く、カツオやワカメにも呆れられるほどだ。

そうしたキャラクターが脚本家にとって書きやすいのか、磯野家外の人間としてはサブタイトルに名前が入る回数が、トップクラスに多い一人である（２０１２年にはなんと6回も使われている）

波野タイコ

ノリスケの妻。22歳くらい。原作ではノリスケと一緒に悪のりをして、失敗をすることもあるが、アニメではフネと並んで、欠点のほぼない常識人と呼べるキャラクターになっている。

波野イクラ

ノリスケとタイコの長男。1歳半くらい。基本的に「ハイ」「チャン」「バブー」「アー」の四つの言語でのみ感情を表現する。

タラオとは大の仲良し。まだ赤ちゃんなので自分の意に背くことがあると、すぐ泣いたり拗ねたりしてしまい、それがケンカに結びついてしまうことも。

原作にも登場するキャラクターだが、「イクラ」という名前の名付け親はアニメ『サザエさん』のベテラン脚本家雪室俊一氏。氏の娘が赤ん坊だった頃、イクラが大好きでよく「イクラ、イクラ」といっていたことがヒントになったのだとか。また、氏によるとアニメでのイクラは初登場時、歩けない赤ちゃんだったそうで、「イクラが歩きだすエピソードを書」いたと著作『テクマクマヤコン』（2005／バジリコ株式会社）にて述懐している。

穴子

厚い唇がトレードマークのマスオの同僚。マスオとは席が隣り合っていて、終業後はよく酒を飲み交わす関係だ。アニメオリジナルキャラクターだが、原作にもそれらしきキャラクターが登場し、モデルにしていると推測される（例えば朝日文庫版32巻P20）。

過度の恐妻家で、外では亭主関白ぶって大きく出ることがあっても、妻のタカコに関連したこととなるとすぐにしおらしくなる。なお、タカコは、マスオのことを穴子の友人として全幅の信頼をよせている。二人が遅くまで酒を呑んでも、マスオが一緒だと安心するという理由から、マスオに家まで送り届けて欲しいと穴子から頼まれることが頻繁にあるほどだ。

こうしたキャラクターの濃さからか「マスオと穴子さん」（No.７２６４／２０１５年５月17日放送）、「穴子さん最後の晩さん」（No.７３０５／２０１５年7月5日放送）など穴子をフィーチャーする回も定期的に存在するほどの人気キャラクターだ。

また、穴子人気は担当する声優・若本規夫氏の貢献度も高いだろう。若本氏は存在感のある渋い低音と、言葉のアクセントを強調した特徴的な台詞回しから、特にアニメファン層からモノマネをされることが多く、穴子はその代名詞のひとつといえるキャラである。

ちなみにアニメ『サザエさん』とタイアップしたＪＡのＣＭでは、女装をした穴子にびつくりするマスオというバージョンが放送されたことがある。

中島

カツオのクラスメイトであり、一番の親友。日頃から、橋本、西原などの級友たちとサッカーや野球で遊んでいるところから、テレビなどでは「磯野、野球しようぜー」という台詞がよく芸人にモノマネされるイメージが強い。

名付けの親は雪室俊一氏。名前の元ネタは氏が往年のTVバラエティ番組『11PM』に関わっていた際、大橋巨泉バンドに参加していたピアニストの名前からとのこと。原作にこれと呼べる明確な元ネタはないが、カツオの友人にあたる眼鏡でかりあげの男の子は頻出し、それがアニメで中島として使われることも多い。筆者的には朝日文庫版28巻P21の男の子は、特に中島に近い気がするが如何だろうか。

近年、中島が特に注目されたのは、「春風からの招待状」（№6305／2010年3月28日放送）という回。オールスター勢揃いでマラソン大会に参加するという回だが、途中でリタイアした中島が、それを隠すためにカツラをつけて女装し、それに気付かないカツオが好きになってしまうという驚きの回。主にBL、男の娘のようなアニメオタク的な文脈で、ネット上でも非常に話題になった。

また「青シャツ王子中島くん」（№6668／2012年9月2日放送）や、「中島くんは時代劇」（№7313／2015年8月2日放送）のように、オシャレや渋い趣味など、小学五年生にしては少し背伸びをした男の子として描かれ、周りの女の子からそれを褒められることで、カツオの反感を買うキャラクターとしても描かれることがある。そこからひと騒動あり、時にはケンカに発展することもあるが、大抵すぐ仲直りをする、切っても切れない関係だ。

育ての親的な存在である「おじいちゃん」や、大学浪人である「兄貴」も定期的に物語に絡む重要キャラクターである。

花沢花子

カツオのクラスメイトの女の子。不動産屋の娘で、男勝りで器量は悪いが、カツオに好意をいだいており、猛烈アタックを繰り返している。

名付けの親はやはり雪室俊一氏で、氏の妻の友人の姓が「花沢」だったことから（ちなみに俳優・花沢徳衛氏の娘らしい）。キャラクターとしては朝日文庫版31巻P71の不動産屋の娘ミツコちゃんが主な元ネタになっていると思われる。

性格は豪快で学校の成績もカツオに負けないくらい悪く、細かいことは気にしないタイプ。高笑いをしながらカツオの背中を強く叩いたりもするが、実は家事をこなし、花言葉に精通していたり、カツオが困っている時に献身的に力になるなど、〈女子力〉は異様に高い。将来はカツオと結婚して実家の不動産屋を継いでくれるものと決めつけており、カツオは迷惑がっているが、カツオはカツオで自分の都合に合わせて、献身的な花子を利用する時もあるので、お互い様というところも。

「花沢さんの絶交宣言」（№６５２１／２０１１年９月４日放送）では、花子を男扱いしたカツオに対して怒りをあらわにしたことがあり、ただ盲目的に好きという訳ではないという、カツオに対する深い愛情を感じさせるエピソードも。

花子の父・花沢金太郎もカツオの性格と、ある種の頭の回転の速さを高く評価しており、ことあるごとにカツオを跡継ぎにと明言している。

堀川

ワカメのクラスメート。作中での珍言・奇行から、ネット上の〈サザエさん実況文化〉を超えて、近年もっともアニメ『サザエさん』で注目を集めてしまっているキャラクター。生みの親はやはり雪室俊一氏で、高校時代のちょっと変わった性格だったという同級生がモデル。

ネットのニュースサイトで〈異常人物〉と取りあげられたり、紙媒体でも「朝日新聞」での雪室俊一氏のインタビュー（２０１４年１月１日朝刊）で名前があがったり、コラムニストの辛酸なめ子氏が気になる存在としてコラムで紹介する（「読売新聞」２０１５年8月19日夕刊）など、今も知名度を広げている。

そのエピソードは、例えば飼っているひよこに「ワカメ」と名付けて、「卵を産んだら、人間のワカメちゃんに食べてもらうよ」とワカメ本人に向かって発言してみたり（「ホリカワくんの卵」（№７１４６／２０１４年7月20日放送））、花沢金太郎に向かって「すごいです、会社に行かないでビラを貼るだけで儲かるんですから」と言ってみたり（「夢見るホリカワくん」（№７２４４／２０１５年3月1日放送））……あげると枚挙にいとまがないが、これから本書でじっくりと紹介して行くことになるので、まずはこの辺で……。

アニメキャラとしては初期から登場し、その頃から「ちょっと変わったワカメの級友」という基本的な性格自体は変わっていないのだが、ここ数年、彼をフィーチャーする回が目に見えて増えており、雪室氏もネットでの評判を見て、意識的に彼を書きまくっている節がある（「アニメージュ」２０１６年2月号をはじめ、雪室氏がインターネット上の評判を多少気にかけている様子は、本人発言からも伺える）。

ジミー

アニメ『サザエさん』の中でも、本書レビューで紹介する２０１２〜２０１５年放送分において、特筆すべき存在感を示したサブキャラクター。「磯野家のジミー」（No.6542／2011年10月23日放送）で突如姿を現わし、2014年頃まで断続的に数回登場。しかも「ジミーは修行中」（No.6609／2012年4月8日放送）のように何度も冠サブタイトル回まで用意され（一回限りの名前ありゲストキャラは時たま登場するが、ここまでの待遇は極めて珍しい）、ネット上でも変なキャラクターとしてブレイクした。

磯野家に出入りする大工の棟梁の弟子で、茶髪ロンゲ、着くずした作業服に、首には常にヘッドホンを下げるというアニメ『サザエさん』としては異質な、ただイマドキというには少しずれたような風貌をしている。本名は金次郎だが、自ら「ジミー」と呼んで欲しいといっている。調子の良い性格や、怠け癖が災いして、昔気質で頑固な職人である棟梁の怒りを買いやすく、しょっちゅう破門をいいわたされるが、なんだかんだあって、元の鞘に収まるというのが一連の「ジミー回」の基本パターンである。

生みの親は（いやはやこれで最後ですので）雪室俊一氏で、原作に登場したグループサウンズ好きの新人左官ジェリー（朝日文庫版36巻P66）を膨らませたものらしい。

実況勢から愛される二大脚本家

雪室俊一と城山昇

〈サザエさん実況文化〉において、名前が繰り返し頻出される二人の重要人物がいる。

雪室俊一と城山昇。ともにアニメ『サザエさん』の放送開始から途中若干のブランクがありつつも、30年以上にわたり脚本を書き続けてきたベテラン中のベテランだ。特に雪室氏は脚本№.001の作品を手がけるも、演出家に拒否されたという逸話を持っている〔『テクマクマヤコン』(2005/バジリコ株式会社)〕。

長い歴史の中で多くの作家が参加してきたアニメ『サザエさん』。中でも、二人の書く脚本はネット上の〈サザエさん実況文化〉においても特別であり、様々な意味で「愛される」存在である。この二人を抜きにして本書の趣旨〈サザエさんと実況文化〉を語ることはできない。

さて、本項では、その重要脚本家二人の来歴や、その作品傾向と、実況文化の中でどう受容されているかのさわりをざっと紹介することで、各話レビューのイントロダクションとかえさせていただきたい。

雪室俊一論

プロフィール——1941年1月11日生まれ。脚本家・松浦健郎氏に師事した後、1965年公開の日活映画『あいつとの冒険』で脚本家デビュー。「泣いてたまるか」などいくつかのドラマ作品を経て、同年『ジャングル大帝』以降はアニメ中心の執筆活動に。主な参加作に『ハリスの旋風』『ひみつのアッコちゃん』『ゲゲゲの鬼太郎』ほか多数。特に『ひみつのアッコちゃん』では主人公あつ子が作中で唱える呪文「テクマクマヤコン」の生みの親としても知られる。漫画原作、絵本などの著作も多数。90年代には『キテレツ大百科』『あずきちゃん』でシリーズのほとんどの話数を担当し、それぞれの作品に今も根強いファンが存在する。

2019年現在、78歳。現在もほぼ毎週『サザエさん』の脚本を書き続けている。

アニメ『サザエさん』は毎回3本のエピソードで構成されている。では、近年の放送において、その最初の1本目が九割以上、ほぼ間違えなく雪室俊一氏の脚本担当回であることにお気づきだっただろうか。

1本目の放送が始まるとアバンタイトル（導入部分）から入り、サブタイトルが現れる。続いて演出家の名前と並んで、脚本が雪室氏であることが明かされると、ネット上には待ってましたとばかりに「開幕雪室」の四文字が次々投稿される。

アニメ『サザエさん』の実況は「開幕雪室」から始まるといっても過言ではない。その高揚感は競馬のファンファーレにも似ている。なんて表現すると、さすがに言い過ぎだろうか。

サブタイトル――まず、雪室作品といえば「サブタイトル」の付け方に尽きる。

「なぞの空き缶屋敷」「穴子さん最後の晩さん」「まわれネジリン棒」「青シャツ王子中島くん」「花沢さんちの愛の巣」……あげはじめるときりがない。他の脚本家の作品のサブタイトルと並べると、明らかに浮いて見える独特なセンスが雪室氏の第一の特徴である。

アニメ『サザエさん』の熱心な視聴者にとって、毎週次回予告で紹介される三本のサブタイトルを見て「どれが雪室脚本か」を予想するのは楽しみのひとつだ。

これは雪室氏本人もこだわりにしていることらしく、近年のインタビューでも以下のように語っている。

「サブタイトルはね、結構考えるんですよ。中身よりサブタイトルを考えるのに時間をかけるくらいです（笑）〈中略〉サブタイトルがサラッと出る話は、だいたい面白い。サブタイトルで悩む話というのは、ちょっとレベルが落ちるのが多いかな」

「僕が時間をかけてサブタイトルを考えるのは、やっぱりお客さんに観てほしいからなんですよね。まず題名で食いついてほしいなと」（以上「アニメージュ」2016年2月号／徳間書店）

「なぞの空き缶屋敷」（№6934／2013年3月31日放送／↓82ページにて紹介）のように、サブタイトルで提示された「なぞ」が冒頭数分で解決していまい、サブタイトルが必ずしもその話全体を指していないことがあるのも、「まず、題名で食いついてほしい」という雪室氏の考えが明確に現れている。

ちなみに雪室氏。別の場所ではこうも語っている。

「シナリオは、視聴者へのラブレター。各話のサブタイトルはその封筒です。いくら良いことが書いてあっても、封筒が事務用だったら誰もありがたがらない」（「月刊シナリオ教室」2013年3月号／シナリオ・センター）

冒頭で視聴者にひっかかりを感じさせる、プレゼンテーション能力に長けたタイトルセンスは、ベテランならではの経験と研究の成果だろうか。

独創的なキャラクター――先に「テクマクマヤコン」の考案者としても紹介したが、アニメ『サザエさん』でも独創的なアイデアを数々生んでいる。

まず「イクラ」の命名（ノリスケとタイコの息子は原作にも登場するが、名前がついていなかった)。そして、花沢花子や中島、穴子、大工のジミー、そして最近よく「奇行」が話題になる堀川は、雪室氏がアニメのために創作したオリジナルキャラクターだ。

花沢花子のように原作に登場するキャラクターをアイデアの元とする場合もあるが、命名含めほぼオリジナルの肉付けがされてるとみていい。雪室脚本に登場する彼らは、原作にほとんど登場しないキャラとは思えないくらいアニメ『サザエさん』の世界に馴染んでおり、そして時として磯野家の人々よりもいきいきと描かれることがある。

これはアニメ『サザエさん』に限った話ではなく、雪室氏は別の作品でもサブキャラクターが活躍しすぎることで、時に主人公を食ってしまうようなエピソードを連発している。

「主人公というのが、一番難しいんです。僕はこの作品(筆者注:キテレツ大百科)だけじゃなくて、脇役に目が行っちゃうから。主人公は変につくれないし、どうしても優等生になっちゃう」

「ブタゴリラの話を書いているうちに反響がまたよくなってきて。ああいうの書きやすいんです。何やってもいいみたいな。破天荒で、感情の表裏がなく、ストレートに出せる。非常にわかりやすい人間ですね」(以上、「Neo Utopia Vol.37」2003/藤子不二雄ファンサークル ネオ・ユートピア)

右は『キテレツ大百科』の名脇役「ブタゴリラ」について語っているが、アニメ『サザエさん』での花沢花子や、穴子、堀川といったキャラにも当てはまる傾向だ。原作にない独自色を脚本家がつくりあげることは、賛否あるだろうが、長年放送されてきたアニメ『サザエさん』の魅力のひとつとして、こうした雪室氏のキャラクターたちの存在を決して軽んじることはできない。

レギュラーキャラクターだけでなく、一回限りのゲストキャラクターも強烈だ。

たとえば「世界一のお中元」（№６９７８／２０１３年6月30日放送）は、村田さんなる人から、中元さんという家政婦がお中元として磯野家に派遣されてくるというエピソード。これは原作四コマ（朝日文庫版27巻Ｐ75）がネタ元になっているが、そこからひとつの話として膨らませるどころか、中元さんが突然自己紹介もなく雨の中カツオとワカメを学校に迎えに行くなど、強烈な人物として描き出す（そもそもお中元だから中元さんというネーミングが凄まじい）。

一度だけの使い切りキャラにも手を抜かない姿勢。雪室脚本のアニメ『サザエさん』はこうした一度見ると忘れられない強烈なキャラクターによってつくられている。

独特の作劇術――そして、雪室氏の存在がアニメ『サザエさん』ファンにとって特別なのは、身も蓋もない表現であるが、とにかく作品が「面白い」ことだ。

初期のアニメ『サザエさん』を雪室氏、城山氏とともに支えた、ベテラン・辻真先氏は著作『ＴＶアニメ青春記』（１９９６／実業之日本社）にてこう語る。

「残念ながらぼくの書くホンは、雪室脚本の面白さにははるかに及ばない。日常性を喜劇化する感覚が独特であり、ぼくの脚本術の引き出しを動員しても、とうてい雪室さんに叶《ママ》わないことを思い知った」（註1）

また別の場所では、こう評してもいる。

「（「雪室調」について）非常に、そこはかとない日常の人情、ユーモアという、それですねえ。（中略）どうしても、（私は）敵わないですね。舞台劇で一幕もので押し込むも《ママ》ことは出来るけれども、あの何となく簡単なセリフでちょっとおかしいというようなのは出来ませんね」（『僕らを育てたシナリオとミステリーのすごい人5　辻真先インタビュー』アンドナウの会／２０１８）

この〈日常性を喜劇化する感覚〉について少し考えたい。

取ってつけたようにラストに四コマを入れる

アニメ『サザエさん』の脚本は、毎回制作会社のエイケンからテーマ（たとえば「クリスマス」「運動会」といったような）と、それにそった原作4コマ数本の提示があり、ライターはそれをもとに最低ひとつの原作を作中に使って仕上げるという「ルール」がある。多くの脚本家はストーリーの流れの中にいくつかの4コマを差し込んでいくかたちで7分程度の物語を組み立てて行くことが多い。

しかし、雪室氏はそれを堂々と無視して作品を書き、話の冒頭、あるいは終わりにとってつけたように原作4コマをつける回を書くことがしばしばある。

「苦労するのは、書いているうちにその4コマが入んなくなっちゃうことなんです。観ている人も気づいているかもしれないけれど、ラストにとってつけたように、4コマの話が入る事がありますよね」

「あれは4コマが途中に入らなかったものなんです。4コマをヒントにして話を考えるんですが、発想がポンッと飛んじゃうと、ヒントにした4コマが入らなくなってしまうんです。それで苦し紛れに、最後にくっつけてしまう。僕はそれを「グリコのおまけ」と呼んでいるんですが、そういうところも、ネットで叩かれているみたいですけど（苦笑）」（以上、前掲「アニメージュ」）

4コマを使う「ルール」は公式の書籍や展覧会でも紹介されている情報で、これを知っている熱心な視聴者はこうした雪室脚本に困惑する。物語のオチの部分にのみ4コマが使われている回などは「え、この原作から、この話を作ったの!?」という驚きを隠さない書き込みが続々ネットに投稿される。それを指して「ネットの住民が叩いている」かというと、それは別だと本人に伝えたいところだ。閑話休題、雪室氏が他の脚本家に比べると最低限のルールの中で、かなり自由にアニメ『サザエさん』の脚本を書いていることが分かる。

シナリオは直さない

「雪室氏はシナリオの直しをしない」というのは有名な話である。アニメ『サザエさん』という治外法権的人気作。そしてそれを30年以上支えてきた雪室氏だから許される面も多分にあると思うが、昔のアニメに存在した良い意味での荒削りな魅力を、現代に体現し続ける希有な存在という一面がある。

「直しは、1カ所ダメだと言われて、そこだけチョコチョコっと直せばいいというものではないでしょう。いいシナリオは全体が連動しているんですよ。〈中略〉やるなら根本的に直さないと。自分が納得していないのにプロデューサーの言いなりに直す、これは最悪だと思います」（前掲「月刊シナリオ教室」）

「僕がこれだけ長い間なんとか食ってきたというのは、自分の言葉で書いてきたからだと思います。ただ通したいという一心で、自分が理解できない、感情移入できないシナリオにしてしまうのは、視聴者に失礼だと思うんですよ。そういう番組は、まず当たらない」（前掲「月刊シナリオ教室」）

「今は、世に出る前にいろいろ会議をやって、尖っている企画や脚本も丸くなっちゃう。真円なんてちっとも面白くない。トゲが飛び出していたり、穴が空いていたりするところ

が面白いのに」（「ドラマ」２０１３年10月号／映人社）

昔ならではの地縁の繋がりを重視

さて、そうしたこだわりの下、自由に書かれた雪室作品の喜劇としての魅力は先に述べたようにやはり「キャラクター」にある。

たとえば、「タイクツしない人」№６９５６／２０１３年６月９日放送／↓86ページにて紹介）のように登場人物がかかえた恥ずかしい秘密や、それをいぶかしんで詮索する人物、それを見た周辺人物の勘違いなどで、話が膨らんでいくパターンが、雪室脚本には頻出する。

サザエやカツオがある失敗をおかしたとき、それを家族や外の知り合いに必死に隠そうとする、そして大抵その日のうちに町内中に知れ渡る。それはカツオの家族を詮索する際の探偵じみた行動力であったり、花沢不動産の顔の広さを活かした情報力であったり、堀川のちょっと変わった行動と繋がり、その一連の行為が喜劇として描かれていく。

これは雪室氏の作品に限らず「町内みんな顔見知り」という、今では薄れてしまった昔ならではの地縁の繋がりを重視するアニメ『サザエさん』ならではの作劇であり、現在の他のアニメではなかなか味わえない面白さだ。こと雪室氏や城山氏に関していえば、それがやや過剰にすぎる気もするが、それはアニメだからこそ、ちょっとやりすぎなくらいが面白いのだ。

こども感覚

雪室氏の扱う日常の人情・ユーモアは、他方、磯野家の内部において〈いい話〉として昇華される面もある。

例えば波平の手作り弁当をめぐる「父さん手作り弁当」(№６９２０／２０１３年3月3日放送／81ページにて紹介)は、子どもたちのためにのり弁を作る波平と、その熱意を見直すカツオとの親子関係の機微を「男と男は目で語り合う」とまとめる、忘れがたい佳品である。雪室氏をこうしたファミリードラマの優れた書き手として評価する声もまた高い。

雪室氏の喜劇的作劇と、優しさの視点とが具体的に交差するものとして「こども感覚」をあげたい。

波平に風呂敷で忍者の頭巾をつくってもらったタラオが、町内のあちこちで忍者ごっこを楽しむ「ぼくはフロシキ忍者」(№７１９５／２０１４年11月16日放送)、「つまらないものですが」という大人たちの言葉を覚えたタラオが、真似して周囲に言い回す「つまらないタラちゃん」のように、タラオやイクラが新しい言葉を知ったり、未知の発見をし、それを楽しげに繰り返す、あるいはそこから生まれる勘違いを大人たちとの交流を通じて転がしていく。そうして物語を膨らませることが多いのも雪室脚本の傾向だ。

「「こども感覚」とはなにか。人間が成長するにしたがって忘れてしまったすばらしい感覚のことである。〈中略〉ぼくの娘が二、三歳の頃、ロープウェーを見て、「お空につかまっている」という表現をしたことがある。小学生が雑記帳に書いたマンガを読んでみると、福島県と広島県が大戦争を始める話だった。いずれもこういう発想は大人には仲々できない。しかし、アニメライターたるものこういう発想に一歩でも近づかなければならない」(「実践的入門作法」)

インターネット上の〈サザエさん実況文化〉ではタラオやイクラのいかにも子どもらしい発想や言動を、ある種〈ウザい行動〉として〈叩く〉傾向もあるが、それは同時に雪室氏の子どもを描く力「こども感覚」が確かという証左にもなっている。

こうした「秘密」や「勘違い」「発見」といった日常の些細なことを過剰に喜劇化する、雪室氏独自の視点がアニメ『サザエさん』の面白さを支えている。

★

今でも長年愛用するワープロで脚本を書くことをこだわりとしており、ワープロが壊れた時点で引退だと明言している雪室氏。高齢なので、無理なことはいえないが、これからも末永く楽しいアニメ『サザエさん』を期待したい。

（註1）ちなみに雪室氏は辻氏の脚本に対して「あらゆる意見を巧みに取り入れ、文句のでない本を書くのは、辻さんがもっとも得意とするところで、他のライターにはとても真似ができない」とし「よき先輩であり、生意気な弟を見守ってくれる兄貴分であり、永遠に登頂することが出来ない最高峰である」（ともに『テクマクマヤコン』）と絶賛し、両者のいい関係が読み取れる。

城山昇論

プロフィール――1940年6月5日生まれ。

アニメ『サザエさん』のほかにも、『ドラえもん』をはじめとした藤子不二雄作品、『いなかっぺ大将』『ルパン三世（第2シリーズ）』『じゃりんこチエ』など多数のアニメ作品に携わってきた。『ミスター味っ子』ではチーフライター、エイケンが制作した『コボちゃん』ではシリーズ構成を担当。

2014年には長年の功績が認められ、東京アニメアワードフェスティバル2014功労部門に顕彰されている。

さて、城山昇氏である。本人による発言、あるいは他者が言及する機会が多い雪室俊一氏に対して、城山氏に関する情報は極めて少ない。今回の調査においても、辛うじて雑誌に掲載された他作品に関するインタビュー記事で生年月日の確認ができた程度で、ことアニメ『サザエさん』に関してはほぼ皆無に近いくらい見つからなかった。あまり露出を好まれないのかもしれない。

雪室氏のページとは質が変わってしまい恐縮だが、ここでは城山氏の担当作品から読み取れる範囲で、その作風や魅力を紹介していきたい。

「歳時記」作家というイメージ——すでに触れたように、城山氏は放送開始当初から長年アニメ『サザエさん』を支え続けた重鎮であり、特に辻真先氏が番組から離れて以降の近年では、ともにアニメ『サザエさん』をつくりあげてきた雪室氏と対比されることも少なくない。

ただし、毎週必ず新作が放送される多作の雪室氏と違い、城山氏の作品は時に放送されない週がある。これを受けて城山脚本回が放送されると、インターネット上では茶化すように〈生存確認〉などと表現されることもある。これはイヤミではなく「今週は城山作品があってよかった」くらいのニュアンスだと思われる。

独自のキャラクターを創造するなど、ある種原作から飛躍した脚本で人気を集める雪室氏に対し、城山氏は〈歳時記〉的な作品を多く手がける作家と捉えられる傾向がある。例えば「あしたは七草」（№6721／2013年1月6日放送）、「高嶺のマツタケ」（№7185／2014年10月12日放送）、「うぐいす鳴いたよ」（№7225／2015年2月22日放送）といった、タイトルの時点で季節感を感じさせ、また内容もそうした風情を磯野家が実感するというような作品を指すが、「ボクはかりんとう賞」（№6703／2012年11月18日放送）、「教えて！　マスオさん」（№7102／2014年6月8日放送）など、決してそういったタイトルばかり書いているわけではない。あくまで雪室作品のアクの強さと対比された結果といえるだろうか。

原作の多用――城山作品が雪室作品と分かりやすく異なるのは「原作漫画からのネタを多用する」点であろう。前項で紹介した通り、雪室氏は作中に盛り込まねばならない原作漫画の要素をごく少し、あるいは全く使わず、時には最後に本編から切り離されたようにとってつけた形で原作ネタを置いて、物語を強引に締めるような手法を使うこともある。対する城山氏は物語の最初と終わりは高確率で原作からのネタを使用し、時には発注の際にエイケン側から提示される原作を、全部盛り込んでいるのではと想像されるほどに、盛り込んだ作品を書くこともままある。具体例をいくつか上げておこう。

「受験シーズン到来！」（№.７０４３／２０１４年1月19日放送）では少なくとも原作漫画から6本のネタを使用している（別表、57ページ）。原作漫画が主に新聞四コマである以上、年始にはかならず高校や大学受験をとりあげたネタが登場するわけだが、それを数珠繋ぎのように連ねていくわけだ。この受験ネタの場合は磯野家および波野家の人物たちの話でないことの方が多いため、概ね隣人、伊佐坂難物の長男・甚六をはじめとした磯野家の友達・近所の人などのエピソードとして並べられる。

続いて「うちのヤマトナデシコ」（№.７３１５／２０１５年8月2日放送）でも原作漫画から6本ほど使用している（別表、57ページ）。サザエがお茶の先生から茶席の助手を頼まれるという回であり、実際にサザエが茶室で失敗をする原作漫画からの数ネタに加え、茶席にふさわしい「ヤマトナデシコ」を体現せんと、サザエが礼儀作法正しくふるまおうとするが、うまくいかないというネタなどを要所要所に挟み込むことで作劇を組み立てている。

女の子にいいところを見せてモテたいカツオの奮闘が中心の「男心はミステリアス」（№.７３７５／２０１６年1月17日）は、原作使用数は4本ほどとやや少ないが、原作におけるカツオの恋愛ネタを次々消化していく展開の鮮やかさが見所だ。

原作漫画をあまり使用しないエピソードも勿論あるのだが、右記のような原作を多用する回の本数が一番多いのはやはり城山氏である。いわゆる〈レア脚本家〉（59ページ参照）の作品にも原作のネタを多様する回はあるが、そもそも各々〈レア脚本家〉が担当する作品の総数がさほど多くないので、少なくとも近年のアニメ『サザエさん』に限定すれば、城山氏のイメージになるのは納得できる。

これは余談であるが、辻真先氏はかつてこうした原作漫画の利用を逆手に取った作品を書いたことがあるらしい。

「初期に実験的な書き方をしてみた。七分間をすべて原作の四コマでつないでゆく、という試みだ。そのころはまだどの四コマも、テレビ使用前だったから、そんな贅沢が許されたのである。使い放題だったので、つなぎの場面もほとんどなく、コマの落ちからまたコマのギャグへスムーズに連結していった。その結果、わずか七分の間に四コマを三十本盛り込むことに成功した」（『TVアニメ青春記』）

その後、原作漫画のネタはある程度の間隔を置いた上で再利用できるようにルールになり、定番のネタは数年に一度くらいのペースで放送に使用されている（註2）。その過渡期の様子がよく分かるエピソードだ。

（註2）例えば、怪しげな名前の理由がオチになる「バー怪車」（朝日文庫版26巻P71）、節分回のお約束的な「服は内です、鬼も内です」（朝日文庫版32巻P31）、食堂でカレーライスと三度怒鳴る波平のネタ（朝日文庫版38巻P103）などは、アニメ『サザエさん』をある程度見ている人なら何パターンも見た記憶のある定番ネタではないだろうか。

原作派ならではの「笑い」——原作漫画のネタの多用というと、城山作品が堅苦しい作風であるかのように思えてしまうが、無論そうではない。城山作品も雪室作品に引けを取らないくらいの笑いのシーンを生み出すことがあるのだ。

例えば公園を舞台にした原作漫画からのネタを多く使った「公園の大人たち」（№7209／2015年1月4日放送／↓172ページで紹介）。童心に帰った大人たちが夜の公園でブランコやシーソーなどに乗って遊ぶという奇妙な光景を描き出し、ほのぼのとした絵面が逆にシュールな笑いを誘う。

お風呂や銭湯をネタにした原作漫画を多用した「カツオの風呂友」（№6715／2012年12月9日放送／↓79ページで紹介）では、コスプレをする番台など原作漫画ならではの変人奇人が勢ぞろいした上に、カツオが大人向けの週刊誌に夢中になるというブラックな原作ネタをオチに使うなど、かなりキレキレの一本に仕上がっている。

頻出というほどではないが、城山氏の作品に妙に散見されるのが、あさひが丘に起きる小規模な事件に群がる野次馬の光景を描くシーンだ。

「思わずジャンプ！」（№６９１３／２０１３年4月14日放送）では、伊佐坂家の長女・浮江のバドミントンの羽が屋根の上に引っかかってしまい、サザエがジャンプでそれをとってあげようとするくだり。なかなか指が羽に届かずしばらくジャンプを繰り返していくうちに、街の人々がそれを囲むように輪になって「がんばれ！　がんばれ！」と応援の大合唱を始める。

電車や駅に関する原作四コマを多用して外出中のサザエや、マスオと波平を駅で迎える様子などを描いた「電車を待ちながら」（№７００２／２０１３年10月6日放送）では、バスで駅に向かっているフネを待つほかの磯野家一同を、有名人を待っていると勘違いした人々が野次馬をつくり取り囲み、バスから現れたフネの姿にがっかりして自然に解散していくというネタを投入する。

このような過剰な群衆の姿はまるで昭和のコメディでもみているようで、「そんなやついないだろ！」と思わずツッコミたくなってしまう。原作漫画ではオチの瞬間で時間の連続が途切れるため何とも思わないが、約7分間の連続する物語の一部として組み込まれることで、奇妙な違和感が生まれる。現実に想像するとちょっと怖くなるような、ある種日本人らしい光景に圧倒され、思わず吹き出してしまうのだ。

これらを踏まえた上で視聴すると、「うぐいす鳴いたよ」で波平が吹くうぐいす笛の音を聞きつけた多くの人々が、磯野家の玄関を覗き込むようにして大勢立っているという描写も、季節を感じさせるほのぼのとしたシーンのはずが、ちょっとした不気味さを描いたシーンにみえてしまうのがかえって可笑しい。

別表　（巻数・ページ数はすべて朝日文庫版）

放送タイトル「受験シーズン到来！」

原作漫画

課長、部長のプロフィールを暗記するサラリーマン 34巻P81
街中で顔を合わせる芸能人と受験生の息子 26巻P10
受験生を応援する菓子屋の店主 38巻P40
夜食を工夫する受験生 30巻P6
受験生の孫を励ますおばあさん 32巻P33
誤配された合格通知を届けるカツオ 32巻P38

放送タイトル「うちのヤマトナデシコ」

原作漫画

タクシーからの美しいポーズの降り方 24巻P1
サザエ「結構な最中を頂きまして」10巻P28
カツオを捕まえてお茶を飲ませるサザエ 43巻P129
着物の着付けを終えた直後のサザエ 31巻P20
茶席の入り口をメジャーで測るサザエ 34巻P60
外国のお客さんを茶席に案内する 11巻P58

こうした城山脚本回で使われる原作漫画を読みかえしてみると、特にアニメに使われることも多い連載中～後期の作品においては、政治や事故などを含めた時事ネタから、男女や人間関係、身体的特徴まで日常のあらゆる要素を、時にブラックな笑いのネタにするかなり強靭な漫画であることに改めて気付かされる。人の生き死にをネタにするなど、今の目で見るとかなり過激なネタも多い。

城山氏の作品で描かれるアニメ『サザエさん』の〈笑い〉は、基本的には原作漫画の笑いをアニメに投入するものであったり、あるいは複数の原作を連続的に並べた際のケミストリーによっておきるパターンが目立つようだ。それが偶発的なものか計算上のものかはわからないが、長谷川町子による原作漫画のもつ魅力を理解し尽くし、殺すことなくアニメのフォーマットに合わせて昇華させることが、城山脚本の面白さの核のひとつになっていることは間違いない。

それは〈歳時記〉的な作品における風情も同様であろう。正月、様々な節句、花見、夏休み……年間を通して一家の姿を様々に描き続けたのも、また新聞連載四コマ漫画としての『サザエさん』だった。城山氏の作品を見て「生存確認」といってしまうのも、そうした〈原作派〉としての城山氏に対する安心感のようなものが含まれているのではないかと筆者は想像するのだ。

今後の『サザエさん』を担う
〈レア脚本家〉とはなんぞや？

既にふれてきたように、アニメ『サザエさん』は1回の放送が3話のエピソードで構成されている。

近年の放送では一本目が概ね雪室氏の脚本担当回から始まり、他の二話が雪室氏、城山氏、あるいは別の作家が担当することになる。雪室氏が二本も三本も書く週があったり、城山氏が不在の週もあるので、組み合わせのバリエーションは意外と多い。前話の次回予告に表示されるサブタイトルを見て、雪室氏が何本書くかなどを予想するのも〈サザエさん実況文化〉の愉しみだ。

さて本項で問題になるのが、ここでいう〈別の作家〉の存在である。インターネット上の〈サザエさん実況文化〉において、彼らは〈レア脚本家〉とカテゴライズされて呼ばれている。ほぼ毎週執筆している雪室・城山の二大巨頭とは違い、一ヶ月～数ヶ月に一回程度の登板になり、また定期的に新しい作家が増えることもその呼称の由来だ。

〈レア脚本家〉はアニメ畑だけではなく、ドラマ中心の作家、バラエティを活動の主に据えている放送作家など、活動ジャンルは様々。これまで紹介してきた雪室・城山両氏の作家性に比べると、外連味が弱く真っ当で、ある意味優等生的であることが多い〈レア脚本家〉の作品は、熱心な視聴者になるほどどうしても埋もれがちな印象を抱いてしまう部分はあるかもしれない（註）。だが、むしろ一般的に想起される〈アニメ『サザエさん』らしさ〉というものがあるのだとしたら、むしろそうした優等生的作品の中にこそあるかもしれず、決して忘れてはならない人々だ。

さて、別表（68〜69ページ）に示したのは、2011年から2018年にかけてのアニメ『サザエさん』において、各脚本家が何本の作品を手がけたかという統計である。見ていただいた通り、雪室氏が圧倒的に多く、次いで城山氏、それ以外の〈レア脚本家〉の諸氏は準レギュラーと見なされる作家であっても月一本以下のペースであることがわかる。

同時にわかるのが、二大巨頭の本数が少しずつではあるが、減少傾向にあるということである。高齢なお二人のこと、減っていくこと自体は寂しいが仕方のないことだ。お二人の本数が減ること、それは同時に〈レア脚本家〉参加回の増加でもある。すなわち今後十年、二十年後もアニメ『サザエさん』が恙無く続いていくとして、それを担っていく存在は彼らの中から生まれることになる可能性が高いということだ。

そんな訳で、ここでは2012〜2015年頃に参加した主な「レア脚本家」を簡単ではあるが紹介したい。名前を覚えて観ることで、ますますアニメ『サザエさん』を楽しむことができるかもしれない。

（註）よくいわれることであるが、アニメなどの集団による創作物は単に脚本家が書いたものがそのまま作品になる訳ではない。ライターに脚本を発注する前のテーマやアウトラインをイメージする会議や、コンテや演出などの手が通ることで最終的な作品になる。なので、脚本家だけで作品全体の質を語るのは片手落ちなのである。スタッフ全体の中でも発言力が強いだろう雪室・城山氏はともかく、〈レア脚本家〉諸氏に関してはそういった面が多分にあるだろう。ここで語られていることは、あくまで脚本家別の分類だけで読み取れる範囲であり、作品すべてを語りうるわけではないということは留意いただけると幸いである。

浪江裕史《ひろし》

１９５７年生まれ。脚本家・井手俊郎氏に師事、代表作にＴＶドラマ『大好き！　五つ子』シリーズなどがある、ドラマ畑のベテラン。２０１１年頃からアニメ『サザエさん』に参加。現在もコンスタントに作品を発表。ここ数年の〈レア脚本家〉の中では最も参加本数が多い。

スペシャルの旅行もの「花と星の福島旅行」№６９０２＆６９０３／２０１３年４月７日放送）をはじめ、「磯野家、海へ行く」（№６６５３＆６６５４／２０１２年７月22日放送

／タモリ、ローラほか出演）、「姉さんヤワラの道」№６９９０／２０１３年８月４日／森三中出演）、「本気で挑戦！」（№７３２３／２０１５年７月26日／ナインティナイン、江頭２：50ほか出演）、「磯野家スカッと大作戦」（№７５１４／２０１６年７月24日放送／内村光良ほか出演）など「27時間テレビ」にあわせたフジテレビの人気番組とのコラボ企画回への起用が多いことからもスタッフからの信頼の厚さを感じさせる。

原作はあまり多用せず、家族や街中の人間関係でドラマを膨らませるタイプ。マスオの元に馬鹿でかいゴリラのぬいぐるみが届く「マスオさんお中元です」（№７２９６／２０１５年６月28日放送）。三河屋の三郎さんが結婚するのではというサザエの勘違いが街中に波及するコメディを見事に描く「商店街の人気者」（№７１０１／２０１４年４月13日放送）など秀逸なエピソードも多い。今、最もポスト雪室氏に近い存在といえるかもしれない!?

小林英造《えいぞう》

１９８７年生まれ。２００８年特撮ドラマ『ULTRASEVEN X』でデビューの若手脚本家。『ドラえもん』や『デュエル・マスターズＶＳ』など、アニメの脚本や小説家としても活躍している。

アニメ『サザエさん』には「ぼくの柿取物語」（№６３９４／２０１０年10月31日放送）から参加。当初は年４本程度参加していたが２０１４年は７本、２０１５年は９本と本数を伸ばしている。

特に時節ネタの場合、数本の原作を織り交ぜつつ、他のベテランに遜色ない安定した作品を量産しており、若手のホープといえるだろう。

会社から帰宅中のマスオが一駅前の駅で降りて歩き、普段気づくことのない街の魅力を発見する「ちょっと寄り道」（No.７２１１／２０１４年11月30日放送）は、井戸の手押しポンプや、夕暮れの商店街の郷愁を描く演出と合間って、古き良き日本を描くアニメ『サザエさん』として出色の作品だ。

スペシャル放送「歌って踊ってロケットまで！ 放送開始から今日でぴったり45周年スペシャル」（２０１４年10月5日放送）内の、「空を見上げる男たち」（No.７１３７）から始まる九州～種子島旅行シリーズは小林氏の筆によるもの。ペットボトルロケットづくりに夢中になるマスオ、カツオ、波平の三人に始まり、実際のロケット発射を見に行こうと種子島宇宙センターまで旅行する磯野家。宇宙に関する知識の数々にロマンを馳せたり、波平・海平兄弟の若い頃の恋話など、普段とは肌触りの違う、スペシャルらしい話づくりは、小林氏本来の持ち味も加味されているのかもしれない。

中園勇也

１９８４年生まれ。２０１１年第4回「富士山・河口湖映画祭シナリオコンクール」入賞。アニメ『ぼのぼの』（２０１６年版）やドラマ『ひみつ×戦士ファントミラージュ！』などに参加している。

「カツオ反省の色」（№６９７４／２０１３年８月11日放送）からアニメ『サザエさん』に参加。所属事務所のウェブサイトに掲載されたプロフィールを参照する限り、これがメジャー媒体ではデビュー作のようだ。２０１４年に８本、２０１５年に７本と、コンスタントに作品を発表する。27時間テレビ内のＳＭＡＰ本人出演回「笑顔のレシピ」（№７１４８／２０１４年７月27日放送）でも登用された、小林氏と並ぶ若手の作家である。

その作品は奇抜さこそ少ないが、サザエが商店街のイメージキャラクター（の着ぐるみの中に入る人）に選ばれる「わが家の太陽」（№７２８０／２０１５年６月14日放送）でのゴリラ真似ネタや、「うちの卒業生」（№７０５８／２０１４年３月９日放送）で、数年単位で繰り返し使用されるマニア好みの原作四コマ「バー怪車」が使用されているなど、アニメ『サザエさん』のツボをしっかりおさえた作品を手がける。

牟田桂子

福岡県出身。２０００年にドキュメントバラエティ『SURPRISE!』でデビュー。主な参加作に、ドラマ『世にも奇妙な物語』やアニメ『ちびまる子ちゃん』など。アニメ『サザエさん』に参加する数少ない女性脚本家の一人だ。

「マスオ、男のメンツ」（№６５６３／２０１１年12月11日放送）でアニメ『サザエさん』初参加。ひな祭りにまつわるワカメの一喜一憂を描く「ひな祭りの人気者」（№６８９９／２０１３年３月３日放送）。マスオの部下の結婚式に後見人として参加するフグ田夫妻のドタバタ「理想のふたり」（№６９６３／２０１３年６月23日放送）。服装や髪型など女性の変化に気づかない男性陣をネタにした「オトメ心にご用心」（№７１９３／２０１４年10月26日放送）などは、女性作家ならではの視点が盛り込まれた作品といえるだろう。

その他の主な〈レア脚本家〉

以上で紹介した四人の作家以外にも、様々なフィールドで活躍するシナリオライターがアニメ『サザエさん』に参加してる。

それぞれの主要活動ジャンルに分けて、簡単に紹介しよう。

アニメ

やはりアニメ中心に活躍するシナリオライターは多い。

２０１５年に初登場し、定期的に執筆する、あみやまさはる氏は『エルフを狩るモノたち』や『シスタープリンセス』などのオタク向けのアニメや、声優・林原めぐみ氏がパーソナリティを務めるラジオ番組のアシスタントとしてなどで著名な作家。「タラちゃんきき耳ずきん」（№.７３４１／２０１５年10月25日放送）、「七五三のヒミツ」（№.７３６２／２０１５年11月15日放送）など、雪室俊一氏を彷彿とさせるフックのあるサブタイトルが特徴。

『新テニスの王子様』『幕末Ｒｏｃｋ』などの広田光毅《みつたか》氏は２０１５年から参加。アニメ『サザエさん』と同じエイケンが制作したミニアニメ『鉄人28号ガオ！』にもシリーズ構成として参加していた。ラジオＤＪに憧れたワカメがＤＪワカメを自称し騒動を起こす「ワカメ放送局」はこれが初登場とは思えない珠玉のコメディだ。

岸間信明氏はWikipediaによると１９５６年生まれ。『SLAM DUNK』『アイシールド21』などのシリーズ構成。映画版『ドラえもん』に多数参加するなど、アニメ畑で長く活躍するベテラン。アニメ『サザエさん』には、２０１４年に「マスオ長生きの秘けつ」（№.７０９０／２０１４年４月13日放送）など８本の脚本で参加。

舞台・劇作家

劇団危婦人を主宰するスギタクミ氏は２０１５年に「タラちゃん国際化」（№.７２１６／２０１５年１月11日放送）で初登場。

小倉久寛や『おそ松さん』などの舞台、『砂の器』のリメイクなど、ドラマの世界で活躍する小峯裕之氏も２０１６年から参加。「うちの財務大臣」（№.７４７９／２０１６年７月10日放送）などを担当している。

放送作家

たむらようこ氏はＡＤとして番組制作会社入社後、独立。『クイズ＄ミリオネア』『世界バリバリ★バリュー』などテレビバラエティーの構成作家として広く活躍中。２０１１年から２０１３年にかけて7本の作品で断続的に参加した。アニメ『サザエさん』以外のシナリオの仕事は珍しいようだが、憂鬱な雨の日にもいいことがあるという「雨天結構」（№６９７７／２０１３年6月16日放送）では優しい物語を描く。

「カツオ先どり日記」（№６５１０／２０１１年8月7日放送）などの吉高寿男氏は２０１２年頃まで参加。Wikipediaによると、『コントの劇場～The Actors' Comedy～』などのバラエティ番組や、ドラマ、舞台の脚本を中心に活躍しているようだ。

2016年 放送 154話（3月27日放送回は拡大SP7話）

雪室 60　城山 44　浪江 11　小林 11　あみや 9
中園 8　広田 7　小峯 3　金月龍之介 1

2017年 放送 145話（3月26日放送回は拡大SP4話）

雪室 46　城山 46　浪江 12　小林 10　中園 9
小峯 8　広田 7　あみや 7

2018年 放送 149話（1月7日放送回は拡大SP5話）

雪室 49　城山 43　浪江 17　中園 10　小峯 9
広田 8　あみや 8　小林 5

別表　（前後編は別カウント。中編でもCMで切っているだけのものは同カウント）

2011〜2018年にかけての脚本家別本数リスト

2011年　放送 151話（1月2日放送回は拡大SP／1話のみ）

雪室 83　城山 52　吉高 6　成島由起子 3　浪江 2
小林 1　たむら 1　牟田 1　山田由香 1　佐東みどり 1

2012年　放送 150話（1月8日放送回は拡大SP6話）

雪室 81　城山 41　浪江 7　成島 5　牟田 5
吉高 4　小林 4　たむら 3

2013年　放送 150話（SP放送はあったがすべて3話）

雪室 76　城山 43　浪江 8　牟田 7　小林 4　たむら 3
中園 3　谷本和弘 2　石田浩 2　成島 2

2014年　放送 155話（10月5日放送回は拡大SP5話）

雪室 78　城山 32　浪江 9　岸間 8　中園 8
谷本 6　小林 7　牟田 5　石田 2

2015年　放送 150話（拡大SPなし）

雪室 71　城山 45　小林 9　浪江 8　中園 7
石田 4　あみや 3　牟田 1　広田 1　スギ 1

ネットの話題回を総チェック!

実況レビュー 2012〜2013年

本稿では、主にネットで話題になったアニメ「サザエさん」の各回を、原作漫画と比較しつつ、実況的な視点も取り入れながら、レビューしていく。それによって原作とアニメの違いが浮き彫りになると同時に、実況的な作品の楽しみ方もよくわかるはずだ。なお各作品は10点満点で評価させて頂いた。各自、視聴の参考にされたし。

2012年

1月8日放映　No.6571

「今年も春からつむじ風」

脚本:雪室俊一　演出:森田浩光

【あらすじ】

波平に書いてもらった書き初めをそのまま学校に提出したカツオ。すると、それが金賞に選ばれてしまい……。

不思議ちゃんへと進化する早川さん

今回一番の注目ポイントはカツオのクラスメート、早川さんだ。カオリちゃんと並ぶカツオの憧れの女子……と言えば、普段サザエさんを観ていない人でもわかるだろうか。花沢さんの強烈な個性、大きなリボンが目立つカオリちゃんと比べるとイマイチ地味と思いきや、とんでもない。彼女はここ数年、とくに雪室氏の担当回でさまざまな個性を発揮し、すっかりメーンヒロインのような立ち位置を確保しているのだ。

雪室氏の言（註）によると、隠れファンが多かったと知り彼女の話を増やしたとのことだが、その出番の増え方は一目瞭然で、付加された個性も相まって、なんだか芸能事務所が売り出したい芸能人をねじ込むような感じで面白い。

実際、今回彼女は、自信作だった自分の書き初めが金賞に選ばれなかったことにショックを受け、審査を担当した敬水先生の下に突如押しかけ、なぜ自分の作品がダメだったのか訊きにいくという行動力を発揮している。この時点では、早川さんは書道が得意という設定はまったくないためいささか唐突な感もあるものの、磯野家の発揮する謎の行動力に比べればかわいいものだろう。

お琴を習っていて、書道にも造詣が深い。さらに後の回でカエルが好き（73ページ、作品№6627「ハヤカワさんのカエル」）、畳の匂いが好き（137ページ、作品№7201「子どものタタミ」）、洋館の外壁に生えたツタが好き（191ページ、作品№7327「ぼくたちの名曲喫茶」）……など、ちょっと普通の小学生とは違うような趣味を持った不思議ちゃんへと進化していく。それらについては該当タイトルのレビュー内で言及していきたい。

評価 ★★★★★★★★★★

（註）『女性自身』2012年8月14日号「さーて、最近のサザエさんは…何かヘン！」より

2012年

1月22日放映　No.6578

「うちのお兄ちゃん」

脚本：雪室俊一　演出：森田浩光

【あらすじ】

ワカメのおやつの鯛焼きを、食いさしだと思い食べてしまったカツオ。ワカメは泣きながら「お兄ちゃんなんて大っ嫌い！」と言い……。

雪室氏の偽らざる思い

雪室氏は男4人兄弟の長男（註）とのことだが、子供のケンカというものが実によく描かれている。しょーもない

理由からヒートアップし、売り言葉に買い言葉、しまいには相手の顔を見るのも嫌になる……というのは、歳の近い兄弟を持つ人間ならきっと憶えがあるだろう。

今回、ささいなことからカツオと喧嘩してしまったワカメに対し、マスオは、自分が昔兄と喧嘩した時のことを話し、一生助け合って生きていくのが兄弟なんだと諭し、ふたりは無事仲直りする。

先ほど、雪室氏は男４人兄弟の長男だと書いたが、それに加えて中学時代に両親が離婚したという過去を持つ。家族の大切さを説くマスオのこのエピソードは、きっと雪室氏の偽らざる思いなのだろう。

評価 ★★★★★★★☆☆☆

（註）雪室俊一『テクマクマヤコン　ぼくのアニメ青春録』（バジリコ）39ページより。

2012年

4月8日放映　No.6609

「ジミーは修行中」

脚本：雪室俊一　演出：森田浩光

【あらすじ】
お寺に精神修行に出された
大工見習いのジミー。
しかし、彼はお坊さんとケンカして
お寺を飛び出してしまい……。

ジミーの潜伏先がわかった理由

奇妙な出で立ち、言動でインターネット上で話題をさらった青年、ジミー。頑固な棟梁の下で働く大工見習いの青年なのだが、茶髪、ヘッドホン、サングラス……と、とても大工仕事をするような恰好には見えない。元ネタは原作（朝日文庫版36巻、66ページ）に登場した、ジェリーと呼ばれるグループサウンズ好きな左官屋の新弟子で、彼もまた雪室氏の〝味付け〟が存分に為されている。

そのジミー青年、大工としての腕はなかなかのようだが、どうにも言動や忍耐力に問題があるらしく、棟梁にお寺に修行に出されてしまう。坐禅中に小僧さんに警策で叩かれたことで「御仏が暴力を使っていいのか！　俺は暴力が大嫌いなんだ!!」と激昂し、お寺を飛び出し、所在なさげに公園でブランコを漕いでいるところをマスオに発見され、磯野家に一晩泊めてもらうことに。

その後、花沢不動産で電話番のアルバイト（？）を始めたジミーは、棟梁から電話がかかってきたことで慌てて逃げ出してしまう。実は棟梁、「すぐ逃げ帰ると思ったら一週間も保ったんで、あいつにしては上出来だ」と、ジミーのことをとっくに許していたのだが、そうと知らないジミー、今度は三河屋の三郎さんのところに厄介になる。

しかし、この新たな潜伏先は、三郎さんが「コーヒーサイフォンの燃料用のアルコールが売っている店を知らないか」とサザエに尋ねたことからあっさりと発覚。ジミーは洋食党でコーヒーには目がない……ということから推理したのだ。にしても、毎度のことながら察しが良すぎる。さすがは映画版（実写映画。１９５６年公開）では探偵事務所で働くだけのことはある。

評価
★★★★★★★★★☆

2012年

5月20日放映　No.6627

「ハヤカワさんのカエル」

脚本：雪室俊一　演出：長友孝和

【あらすじ】

友人の橋本から
カエルをもらったカツオ。
逃がさなければならなくなるが、
カエル好きの早川さんが
飼いたいと言い出して……。

カエルに『一茶』と名付ける早川さんの渋さ

「今年も春からつむじ風」（70ページ参照）でヒロイン力の高さを見せつけてきた早川さん。今回カエルが大好きでグッズを集めているという設定まで追加され、ますます『ちょっと変わった女の子』の座を不動のものにしていくこととなる。

友人の橋本からカエルをもらったカツオだったが、最初よくできたおもちゃだと思っていたサザエとフネは本物だと知って悲鳴を上げる。フネはともかくとして、おてんばなサザエも意外なことに両生類は苦手なようだ。

家では飼えなくなってしまい、橋本にも、いまさら返すくらいならそのへんに逃がしてやれと言われてしまったカツオ。この時、ちゃんとエサを取れそうな所を探してやるカツオの優しさに心温まる。

結局カエルは、ばったり遭遇した早川さんがカエル好きということが判明し、彼女に引き取られることになり、次の日学校で、カエルに『一茶』と名付けたという話を聞く。有名な「やせ蛙　まけるな一茶　これにあり」の句から取ったのだが、それにしても渋すぎる。おそらく一般的な小学生がカエルから連想するものといえば、童謡の『かえるのうた』や、サンリオの『けろけろけろっぴ』などだろう。少なくとも、小林一茶を最初に連想する子供よりは、そちらのほうが多いはずだ。

評価 ★★★★★☆☆☆☆☆

2012年
6月17日放映　No.6639
「ワカメは夏模様」
脚本：雪室俊一　演出：成川武千嘉

【あらすじ】

新しい夏服を作ってもらえることになり大喜びのワカメ。しかし、花沢さんの部屋のカーテンにも同じ生地が使われていて……。

ワカメとホリカワくんがちょっといい雰囲気

ワカメも小学校3年生とはいえ、さすがに女の子だけあっておしゃれには気を使うらしく、サザエが買ってきた花柄の生地で新しい夏服を作ってもらえることになり、大喜びする。サザエは原作でも洋裁の内職をしていた時期があり、アニメでもご近所の奥様方に編み物を教える（132ページ、作品No.7198「主婦のお仕事」）など、被服方面の技術はちょっとしたものだ。

しかし、使う予定のものと同じ生地を花沢さんのお母さんも購入していたらしく、花沢さんの部屋のカーテンに生まれ変わっていたのを知ったカツオは大慌て。それどころか余った生地を学校で使う雑巾にまでしていたらしく、ワカメに見られたらことだと花沢さんに事情を話し、学校に持っていく雑巾を取り替えてもらうことに成功する。

そんな努力も虚しく事情を知ったワカメは案の定へそを曲げるのだが、ホリカワくんが服を褒めたことで機嫌を直すのだった。ワカメの女心を描きつつきちんといい話で締め、さらにはワカメとホリカワくんをなんだかちょっといい雰囲気に描くなど、このあたりはさすが『あずきちゃん』で小学生男女の心の機微を丁寧に描写し続けてきた雪室氏の腕が光る。

評価 ★★★★★★★☆☆☆

2012年

8月19日放映　No.6663

「ジミーの犬小屋」

脚本：雪室俊一　演出：長友孝和

【あらすじ】
磯野家の庭先に、いつの間にか見知らぬ犬小屋が置かれていた。裏を見たら『MADE IN JIMMY』と彫られており……。

ジミーが磯野家の庭に不法侵入!?

4月に猛威を奮ったジミーが早くも再登場。今回も磯野家や棟梁と、バカバカしくも心温まる掛け合いを披露してくれた。

朝起きたら、突然立派な犬小屋が磯野家の庭に置かれていた。いったい誰が……と調べてみたところ、なんと裏面に『MADE IN JIMMY』の文字が。そう、この犬小屋はジミーが造ったのだ。

話によると、棟梁に内緒で犬小屋製作のアルバイトを引き受けたものの、注文者が急にキャンセルを入れてきて売れなくなってしまったため、棟梁にばれたらまずいと磯野家の庭に置かせてもらったとのこと。つまり、ジミーは夜中あるいは明け方に磯野家の庭に不法侵入して犬小屋を置いたのだ。軒下でオタマジャクシを飼っていた堀川くん（作品No.7274「いちばん怖い人」）といい、磯野家は不法侵入の被害に遭いすぎである。さすが原作・アニメともにしょっちゅう泥棒に入られているだけのことはある。

評価 ★★★★★★☆☆☆☆

2012年

9月9日放映　No.6673

「久しぶりの同窓会」

脚本：城山昇　演出：岡田宇啓

【あらすじ】

久しぶりの同窓会に浮かれるサザエ。みんなに指摘され、地が出ないようおしとやかに行こうとするが……。

サザエの異様な浮かれよう

同窓会がおっくうだと感じる人間もいれば、楽しみで仕方ないという人間もいる。フグ田サザエの場合、性格からして後者であることはわざわざ説明する必要もないだろう。久々の同窓会の連絡が来て大喜びするのだが、その浮かれようはものすごい。よほど嬉しかったのか、調子っぱずれの『歓喜の歌』を歌うわ、夕食の準備で玉ねぎを切って涙を流しながら『蛍の光』を歌うわと、原作が原作だし、もしかしてヒロポンでもキメているのではないか……と疑ってしまうレベルだ。

評価　★★★★☆☆☆☆☆☆

2012年

10月7日放映　No.6684

「秋のお一人さま」

脚本：雪室俊一　演出：森田浩光

【あらすじ】
おでんの屋台に立ち寄った波平。
そこには、「ロンリー」という
謎の器具が置いてあり……。

孤独を愛する人向けアイテム『ロンリー』のキテレツ具合

2012年、みたびジミー回。前回（作品No.6663「ジミーの犬小屋」）造った檜製の犬小屋は、材質が贅沢という点を除けば非常に立派な出来で、おかしな点は何もなかったが、今回彼は「ロンリー」なる珍発明を生み出している。波平行きつけのおでん屋台に置かれていたこのロンリー、見た目は木の板3枚を組み合わせた踏み台のなり損ないのような感じながら、どうやら孤独を愛する人向けのアイテムらしく、顔を入れることでまるで個室のような気分を味わえるというシロモノだ。同じ雪室脚本の『キテレツ大百科』よりよっぽどキテレツである。

評価　★★★★★★★★★★

2012年

10月14日放映　No.6688

「ママは応援団長」

脚本：雪室俊一　演出：長友孝和

【あらすじ】

かつて、サザエが体育祭で応援団長をやっていたと知った女学校の生徒たち。コーチをお願いしたいと磯野家を訪ねてくるが……。

毎度ながら見事な磯野家の探偵スキル

とても子を持つ母親とは思えぬほどの行動力を持つサザエだが、女学校時代はおそらく今に輪をかけておてんばだったのだろうと思われる。なにせ女学校時代の旧友、恩師がみんなサザエの特技はゴリラの真似だということを知っている（76ページ、作品№６６７３「久しぶりの同窓会」）ほどだ。

そんな彼女は、女学校の体育祭でなんと応援団長を勤めた経歴があるというのだ。袴姿に赤いハチマキ、顔に髭まで書いた本格的なスタイルで、両手に扇を持ったポーズも胴に入っている。学校の新聞部にその写真が残っており、その写真を見た現役生たちが、自分たちも応援団をやりたいとサザエにコーチを頼みに来たのだ。

ゴリラの真似をしたことに比べればなんてことない、むしろ様になっていてかっこいいくらいだと思うのだが、どうやらサザエにとっては恥ずかしい思い出らしく、カツオたちにはチアリーダーのコーチを頼まれたと嘘をつく。それを聞いたカツオは、普段のサザエの行動とはイメージが違うことから、「姉さんの場合、チアリーダーより応援団っていう感じだもんね」と即座に核心を突いたあげく、本当にチアリーダーだったのなら写真を見せてほしい、と言い出す。毎度ながら磯野家の探偵スキルは見事なものだ。

評価 ★★★☆☆☆☆☆☆☆

2012年

12月9日放映　No.6715

「カツオの風呂友」

脚本：城山昇　演出：高柳哲司

【あらすじ】
入浴中に遊ぶせいで、ひとりでの入浴禁止を命じられてしまったカツオ。友達と銭湯に行けば、そこで遊べるだろうと考えるが……。

銭湯の主人はコスプレ好き

カツオが風呂で遊んでいた結果、うっかり風呂の栓を外してしまい、波平からひとりでの入浴を禁止されてしまう。監視のために波平との入浴を強制され、このままでは風呂で遊べないと残念がるものの、そのことをクラスメートに話すと「銭湯に行けばいい」と言われる。

2組の加藤くんがよく銭湯に行く、という話を聞き、自分も行くことにしたカツオ。一緒に行こうと加藤くんの家を尋ねるもすでに家を出ており、彼の祖父と一緒に行くことに。そもそも、もともと銭湯好きだったのはこの祖父で（註）、加藤くんはそれに付き合っていた結果よく銭湯に行っていたようだ。

加藤祖父の話によると、今から行く銭湯の主人は相当の本好きらしく、いつも番台で本を読んでいるそうだ。ただ、その読み方が異様で、織田信長の本を読む時はちょんまげのカツラをかぶり脇息に片手を預けながら（ご丁寧に息子とおぼしき少年を小姓として横に控えさせるまでしている）、忍者ものの本を読む時は忍装束に身を包む、探偵小説の時は鹿撃ち帽、パイプ、インバネスコートのシャーロック・ホームズスタイル……といった具合だ。いったいなぜ、そんな不毛なことをしているのだろうか。

そして本日、ふたりが「今日はどんな恰好で迎えてくれるか」と話しながら男湯のドアを開けたら、そこにはなんと宇宙服姿の銭湯の主人が。今日読んでいたのはSF小説だったらしい。

主人がそんなだからなのか、客もとんでもない人物揃いだ。あまりに厚着なので脱衣用のカゴが2つ必要になる男性、いつ災害が起きるかわからないということで脱いだ服を入れたカゴを頭の上に載せ紐で固定してそのまま入浴する男性（原作ネタ。朝日文庫42巻30ページ）など、不審人物だらけだ。類は友を呼ぶ……ということだろうか。

評価 ★★★★★★★★★★

（註）風呂友、加藤くんの祖父が出てきたのは朝日文庫16巻１３８ページ。

2013年

2月3日放映　No.6908

「父さんバイクに乗る」

脚本：雪室俊一　演出：岡田宇啓

【あらすじ】
お寺で何かを
勉強しているらしい波平。
なんと、バイクの免許を取るための
勉強らしく……。

頭頂部の一本毛と免許を天秤にかけて

会社の同僚から、定年退職後の身分証明書として免許が役に立つと聞いた波平は、原付バイクの免許を取ろうと思い立つ。しかし家族は波平にバイクは危険だと思っているらしく、マスオとタラオを除く全員で反対するのだが、その時にサザエが「父さんが定年になるのはずっと先の話じゃないの」と言っているのが面白い。サザエさん時空が続く限り、波平が定年を迎えることは永遠にないのだから。そのくせバイクは波平の歳では危ないと、年寄り扱いされているのだからたまったものではないだろう。
頑固者の波平は家族から反対されたことでかえって免許を取る意志を固めるが、ヘルメットは蒸れて髪の毛に優しくないという理由でバイクに乗ることを断念してしまう。片やそうとも知らないカツオは「あの頑固なお父さんがなぜ簡単に諦めたのか、謎だ……」と訝しんでいた。さすがのカツオも、波平が頭頂部の一本毛と免許を天秤にかけて、毛を選ぶとは思わなかったようだ。

評価　★★★★★★★★★☆

2013年

3月3日放映　No.6920

「父さん手作り弁当」

脚本：雪室俊一　演出：高柳哲司

【あらすじ】

昔、サザエのためにのり弁を
作ってあげたことがあるという波平。
それを聞いたワカメが、
自分も食べてみたいと言い出して……。

原作とアニメの発言が真逆

「カツオも料理くらいできないと、将来奥さんに逃げられるわよ」とサザエに言われ、「料理なんてお湯を沸かせればいい（＝カップ麺とレトルト食品が作れればいい）」と返すカツオ。カツオの性格からして、むしろ女の子にモテるために張り切って料理を覚えそうなものと思いきや、どうやら料理にはあまり関心がないようだ。
この時にマスオが「男も料理や育児をする時代ですから」と言っていたが、原作ではカツオが学校で調理実習をやったという話を聞き、「こせこせして男は大成せんぞ、そんなこっちゃ!」などと、むしろまったく反対のことを言っている(朝日文庫番17巻、34ページ)のが面白い。つまり、カツオもマスオも、揃って原作4コマとは逆のことを言っているのだ。このあたりは連載当時と時代が変わったので、意図的に逆のことを言わせたのだろう。

評価★★★★★☆☆☆☆☆

2013年

3月31日放映　No.6934

「なぞの空き缶屋敷」

脚本:雪室俊一　演出:高柳哲司

【あらすじ】

散歩中、塀の上に空き缶が大量に置かれた家を見つけたカツオと波平。いったいなぜ、こんなことになっているのか……。

雑誌を捨てていたドライバーの狂気

ミステリー仕立ての話で、いつものように野次馬根性旺盛な磯野家が探偵役となっていく展開なのだろうか……と思ったら、すぐにその理由は発覚する。空き缶屋敷の住人の女性によると、最近、この家の前が車の抜け道となってしまい、マナーの悪いドライバーが塀に空き缶を置いていくようになってしまったというのだ。空き缶どころか、弁当の空き箱や漫画雑誌まで捨てていく人間がいるという有り様だ。

マナーにうるさい波平は当然そのような話を聞いて激怒する。しかしカツオは、自分だったら家の塀に空き缶を置かれても怒らないと言う。アルミ缶は学校の廃品回収に出せるし、漫画雑誌を捨てられたらむしろ嬉しい、と。プライドより実を取るのはカツオらしいが、それ以外のゴミを捨てられたらどうするのかという考えは抜けているようである。

そして、雑誌を捨てていたドライバーの言動がまたふるっている。波平に犯行現場を摑まれ「もう置きません」と答えたのは、反省したからではなく、好きな漫画の連載が終わりもう買わないから置かないというのだ。もはや無礼を通り越して狂気すら感じる。

評価　★★★★★★★★★★

2013年

4月7日放映　No.6881

（放送2200回&45周年　前祝いスペシャル）

「ベーゴマものがたり」

脚本：雪室俊一　演出：長友孝和

【あらすじ】

カツオに遊ばせるため、
九州の海平からベーゴマを
送ってもらう波平。最初は
興味を示さないカツオだったが、
いつの間にか夢中になり……。

ホビーアニメのような展開が散見

『放送2200回&45周年　前祝いスペシャル』と題された特別篇。タイトル通りベーゴマを題材にした話なのだが、スペシャル回だけあって脚本・演出ともに非常にハイレベルな1本。通常のサザエさんと違って、一般的な30分アニメと同じくらいの尺が与えられており、内容的にもおもちゃを題材にしたバトルもの、いわゆるホビーアニメのような展開が散見される。

さて、ホビーアニメに欠かせないものといえば技術を競うライバルである。ゲストキャラを話の中心に据えることが多い雪室脚本の例に漏れず、『ベーゴマの駒子』を名乗る女の子が登場。ボーイッシュな外見に違わず気の強い少女で、5対1にも関わらずカツオたちを圧倒する。駒子の技術を見たカツオが「すごい回転！　花沢さんよりすごいかも」と評しており、これもまたホビーアニメの解説役の台詞そのままなのが笑える。

評価　★★★★★★★★★★

2013年

4月7日放映　No.6902・6903
（放送2200回&45周年　前祝いスペシャル）

「花と星の福島旅行」

脚本：浪江裕史　演出：森田浩光

【あらすじ】
家族で福島旅行へ行くことになった磯野家。花見山の桜、檜枝岐村の歌舞伎など福島には見所がいっぱいで……。

サザエの着ぐるみの強烈なインパクト

スペシャル回恒例の旅行エピソード。当時、今以上に東日本大震災の影響が色濃く残り観光客低迷に悩む福島県が、フジテレビ側に働きかけたことで2013年4月からのOP映像の舞台に選ばれた（註1）のだが、本篇の内容も、おそらくはそれを受けてのものと思われる。波平が仕事で知り合った人から勧められ、福島へ旅行に行くことになった磯野家が観光名所を巡る話なのだ。

それ以外にも、円盤餃子や会津若松のさざえ堂、吾妻小富士の残雪がまるでうさぎのように見える、通称『種まきうさぎ』など、福島の名物が数多く紹介されており、サザエさんのエピソードとしても、福島県の宣伝としても上々と言える仕上がりとなっていたのだが、最後の最後に紹介された実写の『サザエの顔を模した花壇』が強烈なインパクトで、本篇の内容を上書きしてしまうという〝悲劇〟が起きた。

　劇中でも磯野家が花見山に花の種を撒かせてもらっており、『作品中にサザエさんが撒いた種が本当に花壇になって登場！』というタイアップ企画（註2）だったにもかかわらず、サザエの顔を模した花壇の出来自体は問題ないのに横に映っていたサザエの着ぐるみの表情が異様に怖く、ポーズも珍妙なものだったため、そればかり印象に残ってしまったのである。興味のある方はネットで検索してみればいいだろう。

評価 ★★★★★★★☆☆

（註1）サザエさんオープニングに福島県が持ちかけ実現
http://www.asahi.com/special/news/articles/TKY201303270431.html

（註2）福島市花見山公園に〝サザエさんの顔〟モチーフの花壇完成！
http://www.tif.ne.jp/jp/topics/topics_disp.php?id=629

2013年

4月14日放映　No.6913

「思わずジャンプ！」

脚本：城山昇　演出：高柳哲司

【あらすじ】
女子バレーの試合を見て、
自分もジャンプ力はちょっとした
ものだと言うサザエ。実演してみせて
ほしいと子供たちに言われるが……。

あさひが丘住人の本能

伊佐坂家の甚六さんとウキエさんがバドミントンをやっていて、シャトルを軒先に乗せてしまう。ワカメとタラオが、サザエのジャンプ力なら取れるはずだと無責任な期待を寄せ、それを裏切るわけにはいかないと一念発起したサザエは何度も決死のジャンプを繰り返す。いつの間にか伊佐坂家の前には10人以上の野次馬が集まっており、ワカメたちと一緒に、サザエに「がーんばれ！　がーんばれ！」と声援を送る。無事シャトルを取ることができたサザエに、野次馬たちは惜しみない拍手を送るのであった――。

あさひが丘の人間はみんな野次馬根性が強いというのは周知の事実だが、大事件どころか主婦が飛び跳ねているだけだというのに、みんながここまで夢中になれるというのが素晴らしい。というか、そもそも彼らは、どうやってこんな珍妙な状況を嗅ぎ付けたのか。

サザエさんの世界にはLINEもTwitterも登場しないわけだから、「サザエさんが伊佐坂先生のお宅の前でぴょんぴょん飛び跳ねてますわよ！」と恐ろしいスピードの口伝で情報が伝達していったのだろうか。はたまた、あさひが丘住人は本能でおかしな状況を察することができるのか。謎は深まるばかりである。

評価　★★★★★★★★☆☆

2013年

6月9日放映　No.6956

「タイクツしない人」

脚本：雪室俊一　演出：長友孝和

【あらすじ】

調子のいい売り子に乗せられて
福袋を買ったサザエ。
中身を開けてみれば、
しょーもない代物が入っていて……。

マスオの痛々しい台詞

ある日、『夏の福袋』という胡散臭い露店の前を通りかかるサザエ。売り子の若い兄ちゃんの「1万円相当の品が入ってたったの千円！」という言に乗せられて金を出してしまう。家に帰って中身を開けてみると、入っていたのは出来損ないのオットセイのような空気人形と、1万円の絵柄のタオルという、たしかに『1万円相当』の品物だったというオチだ。

これにはさすがにサザエも怒り、お金を返してもらいに行こうとするものの、タラオがオットセイを気に入ってしまい、返品しに行けなくなってしまう。
こんなどうしようもない詐欺に引っかかったことを恥じ、どうにか家族にバレないようごまかそうとするサザエだったが、もちろんごまかし切ることはできず、今後は調子のいいことを言われ無駄遣いせんようにと波平から叱られてしまう。この時、「サザエをかばうわけじゃありませんが、人形だけでも千円の価値はあるんじゃないでしょうか」というマスオの台詞が痛々しい。いくらなんでも苦しすぎる。

評価 ★★★★★★★★☆☆

2013年

7月21日放映 No.6981

「マスオ才能開花」

脚本：城山昇　演出：青木康直

【あらすじ】
ふとしたことから、
変な発明品を思い付くマスオ。
しかし、実際に形にしようとすると、
どうもうまくいかず……。

マスオとノリスケの発明品の類似

マスオの趣味・特技といえば、有名なのが下手糞なバイオリンと、ホットケーキをひっくり返しながら自身もバック宙ができるという妙な身のこなしの軽さが有名だが、彼は他にも、発明という意外な趣味を持っている。どうやらマスオはあれでなかなかアイデアマンらしく、何かを思い付くと実際に形にしてみようとする習性があるのと裏腹、いかんせん形になったものはどれもこれもしょーもないのが難点と言える。

今回の導入部も、タクシーのワイパーの動きからひらめきを得て『自動大根おろし器』を作り上げる原作ネタ（朝日文庫版36巻、23ページ）がそのまま使用されているが、これも扇形のおろし金を壁にかけ、電動アームに大根をセットし、スイッチを入れると自動的に大根がおろされていく……という珍発明だ。しかもマスオ本人は「おい、産業スパイに気をつけろ！」と真剣な顔でサザエとカツオに釘を刺すのだからたまらない。

この自動大根おろし器が呼び水となったのかマスオの発明熱はメラメラと燃え上がり、サザエにカツオブシをかいてくれと頼まれたにも関わらず、それを投げ出して『自動カツオブシ削り器』の図面を引き始めるなどの奇行に走っている。ちなみにこの自動カツオブシ削り器、鉛筆削り機を基にしていることも含めて、当時ネット上で絶大な人気を誇った全自動タマゴ割り機のエピソード「父さん発明の母」（作品No.５８７５）のオチに登場したノリスケ発案の発明品『グルグルダシトール』とまんま同じである。

評価 ★★★★★★★☆☆☆

2013年

9月29日放映　No.7008

「まわれネジリン棒」

脚本：雪室俊一　演出：森田浩光

【あらすじ】

様々なアクシデントから、わざわざ遠く離れた床屋に行ったカツオ。サザエたちから贅沢だと叱られるが……。

閉店した床屋にノリスケがショルダータックル

カツオが散髪に行った床屋の店主は気さくな初老の男性で、近々店を畳むかもしれないと言う。店前のネジリン棒（サインポール）が動かなくなった時はそのまますっぱりと廃業するつもりらしい。そしてある日、喫茶店で店主と遭遇したカツオと波平は、ついにネジリン棒が動かなくなってしまったと聞かされる。

叩いても撫でても回らなくなり、ついに店を畳んだ……とのことだが、はた迷惑な一家に関わってしまったせいですんなりとは閉店できなくなってしまう。

事情を知らないマスオとノリスケがその床屋に行くもネジリン棒が動かなくなっているのを見て、なんとノリスケがショルダータックルをかましたのだ。すると、再びグルグルと回り出すネジリン棒。あげく、テンションが上がってしまったのか、出てこない店主を呼び出すために「たのもーっ!!」と大声で叫ぶ始末。動いたのだから結果オーライと言うのもはばかるレベルの奇行である。そこまでしてこの床屋で散髪をしてもらいたかったのだろうか。

評価 ★★★★★★★★★★

2013年
12月22日放映　No.7039

「父さんローカ防止」

脚本：雪室俊一　演出：森田浩光

【あらすじ】
テレビで、老化防止には
廊下拭きがいいという話を見た波平。
さっそく、自分も始めるが……。

典型的な三日坊主タイプの言動

磯野家の大人たちはみんな健康に高い関心を持っている。特に波平は自身がけして若くはないことを自覚しているのか、はたまた家長としての自覚なのか、ことのほか体には気を使っているようだ（付き合いはともかくプライベートでの酒をやめろ、と言ってしまえばそれまでだが）。

ある日、大河内画伯なる高名な人がテレビでインタビューを受けている姿を見て、自身より2つ3つ上くらいだろうと思っていたら本当は80歳だと知り驚く波平。老化防止の秘訣は日課の廊下拭きだと答えるのを聞いて、さっそく自分も廊下拭きを始める。
　ちなみにこの番組を花沢父も観ていたらしく、ふたりで『廊下で老化防止友の会』なる団体を結成するのだが、波平は冬の水道水の冷たさに耐えかねて、花沢父は腰を痛めて（しかも詐病の可能性が高い）あっという間にリタイアしてしまう。なんとも締まらない大人たちだ。

評価　★★★★★★★★★☆

chapter 2

デジタル機器はどう描かれているか

サザエさんと電化製品

21世紀をすぎても日進月歩の家電の世界。原作漫画の『サザエさん』が最新の家庭機器を積極的にネタに盛り込んでいたことは有名な話だが、アニメでもやはりかつてのスポンサー・東芝の関連で（2018年3月にスポンサーを降板）、電化製品にはうるさいのではと見る向きも多いことだろう。

しかし、磯野家の廊下には未だにでかでかと黒電話が鎮座し続けている。エアコンも電子レンジもないようだし……。アニメ『サザエさん』の世界はまるで昭和のまま時が止まってしまっているかのようだ。

アニメ『サザエさん』の初期〜中期を支えた脚本家・辻真先氏の著作『TVアニメ青春記』（1996／実業之日本社）によると、アニメ『サザエさん』の初代プロデューサー松本美樹氏がきめた〈ルール〉（註1）があり、その中には「電気商品を無視すること」があったのだという。

「『サザエさん』の提供企業は東芝である。だからはじめはクーラーを磯野家にいれろという注文があった」

「クーラーをいれているなら、障子も唐紙もすべて閉じておかねばならない。茶の間から座敷が見え、簾《すだれ》が風に揺れており、庭に打ち水、風鈴が鳴る――といった風情はすべてオミットとされる。それで『サザエさん』の世界が醸成できるだろうか」

オミットとは、〈除外する〉〈省く〉という意味だ。さらに、引用する。

「冷蔵庫だけは、視聴者も知らないうちに、適宜新型に描き変えることになった。停電だの電球切れだの、東芝さんの責任になりそうな話は決して出さないが、クーラーなど磯野家向きでない電気器具については、シカトする不文律ができたのだ」

現在の磯野家の冷蔵庫はだいぶ長い間、緑色のお世辞にも最新のものとは思えない姿をしているが、この冷蔵庫は少なくとも3代目、81年からずっとそのままとのこと。あくまで辻氏が精力的に執筆されていた時代の話だから、その名残が今も続いているということのようだ。

では、そんな磯野家をとりまく世界で、各種デジタル機器は、実際にどのように描かれているだろうか。種目別にちょっとだけ見てみよう。

（註1）ちなみにほかのルールは「絶対にマイナス要因はいれないこと」「決して流行語をいれないこと」「悪態に属する言葉はいれないこと」である。

携帯電話

今や人口普及率が100％を超えているともいわれる携帯電話。

波平が携帯電話でフネと通話するシーンとして、ネット上でも話題となったのが「なつかしの火の用心」（№5968／2008年1月6日放送）だ。火の用心の見回りに出た波平、マスオ、花沢父の三人がおでん屋台によった際に、花沢父に携帯電話を借りて磯野家に連絡をするというものだ。

ちょっと特殊な例としては「磯野家ゆめの一週間」（№不詳／2000年12月3日放送）は磯野家がノリスケの紹介で高層ハイテクマンションでの生活を一週間体験することになる回。波平は一週間携帯電話を使用することになり、バイブレーションにおびえたり、勤務先の若い女性社員にからかわれたりと大変なめにあう。

登場人物間の伝達ミスや勘違いでドラマが広がることも多いため、携帯電話が普及しすぎてしまうとお話が破綻してしまいかねないと想像されるアニメ『サザエさん』の世界だが、邪魔にならない程度には普及しつつあるようだ。

スマートフォンはまだ登場していないようだが、これももしかしたら時間の問題かもしれない。

デジタルテレビ

２０１１年７月に終了した地上波テレビのアナログ放送。それ以降は対応したデジタルテレビを買うか、チューナーを設置するなどしないとテレビを見ることができなくなった。

磯野家の居間には見るからにブラウン管と思しき大きなテレビが据えられているが、実はあれ、デジタル放送にも対応したそういう形のテレビらしく、２０００年に放送されたＢＳフジ開局ＳＰにて、磯野家がテレビを買い換えるエピソードが放送された。

薄型テレビ自体は街の住人や友人の家には割合普及しているようで、頻繁に登場する。

パソコン

劇中で波平やマスオの職場の場面になった時、オフィスの机の上にパソコンがないのは〈実況文化〉に関わらず、ネット上でもしばしば指摘される定石といえるネタである。

これは最近の放送でも相変わらず続いており、今時、卓上に電話と薄い書類しか置かれていない商社というのは、不自然を通り越して、そらおそろしさすら覚えるが、そこがアニメ『サザエさん』ならではの独自のファンタジーといったところだろうか。はたして彼らはどのような業務でお金を稼いでいるのか……興味は尽きないところだ。

一方で先にも上げた「磯野家ゆめの一週間」では、カツオがネットから出前を注文する際、誤って二重発注してしまい、大量の食事に困ってしまうという、意外なあるある描写が登場する。カツオも家庭外ではそれなりに触れたことがあるのだろうか。

薄型テレビ同様、磯野家外の会社、商店の描写では意外と登場する。例えば「われらストレスの友」（№５２６２／２００３年４月13日放送）では伊佐坂家にパソコンが登場。「横綱になった穴子さん」（№７８５４／２０１８年11月25日放送）ではマスオと穴子の会社の女性がパソコンで本物そっくりの「番付表」をつくるという描写がある。

デジカメ

こちらもすっかり普及しきった感のあるデジタルカメラ。作中では「カツオごはんよ」（№６５８１／２０１２年１月29日）で中島がデジカメらしきものを使っていたりと、あさひが丘でも前から普及していたのがわかる。

磯野家内部で注目すべきは「カツオ、名カメラマンへの道」（№７４３５／２０１６年３月27日放送）。冒頭サザエがマスオにデジカメの「夜景モード」について操作しながら質問する件が登場する。本編はカツオが写真コンクールに応募するために波平と浅草や東京スカイツリー（！）を巡る内容で、波平にフィルムカメラを持たされ「なんでデジカメじゃないの」とぼやくカツオに対し、波平がフィルムの良さを伝えようとする流れがあり、冒頭のデジカメは、意図的に対比させるための登用だった可能性もある。

その後「こだわりの一枚」（№７５２０／２０１６年10月9日放送）では、家族内の写真展をひらくという物語で、ごく自然にデジカメを使用している。これに関しては磯野家でもすっかり定着したようだ（写真の整理はどうしているのだろう……）。

以上、具体的に並べてみると、あくまで時間が止まっているように見えるのは、磯野家の中だけ。あさひが丘では、少なくともデジタル家電に関しては、ちょっと遅れ気味ながらも、そこそこ現代化されていることがわかる。

辻氏も近年のインタビューでは以下のように語っており、これはある程度意識的にルール決めされていたことらしい。

「これは今でもやっていると思いますけど新しいものは入れない。だから、携帯とかゲームは入れない。ただ「この世にあるんだ」っていう（演出の）ためにはカツオの友達に携帯やゲームを使わせる。話題になるのはいいけれども（磯野家には入れない）」（『僕らを育てたシナリオとミステリーのすごい人5　辻真先インタビュー』）

とはいえ、そうした決まりもどこまで厳密なのかは不明だ。例えばあさひが丘駅は都内のはずなのに未だ自動改札がないのだが、「ハヤカワさんの駅」（№７０９４／２０１４年4月13日放送）に登場する早川駅は現実の東海道本線早川駅を忠実に描き起こしたらしく、自動改札である。この調子だと今後も意外なものが登場する回があるかもしれない。

ネット的サザエさん音楽
レアBGMのススメ

たとえば大昔に見ていたテレビドラマ。本編の筋立ては忘れてしまっても、主題歌や劇伴（映画やアニメで流れる伴奏音楽のこと）によって、その作品の想い出が長く心に残り続けることは決して少なくない。幸か不幸か終わらないので簡単には想い出になってくれないが、アニメ『サザエさん』の音楽も多くの日本人にとって、子どもの頃から耳馴染んだ一種の懐かしさを含んだ特別な存在ではないかと思う。

アニメやドラマなどの映像作品において〈音楽〉は非常に重要な要素のひとつである。そんなアニメ『サザエさん』の音楽も、筒美京平氏のペンによるあの有名な主題歌などこそ、過去レコードやCDで発売されてきたが、越部信義氏による劇伴となると、一度も音盤化されることがなかったのだから、CD『サザエさん音楽大全』（UNIVERSAL MUSIC JAPAN）の発売はまさに快挙喝采と呼べる事件だったのだった。

ちなみに同作は発売週だけで1・2万枚を売り上げ、2013年12月16日付オリコン週間アルバムランキングにて初登場11位を獲得。アニメ『サザエさん』の注目度の高さを改めて証明する出来事になった（註）。

さて、50年の歴史のあるアニメ『サザエさん』。その劇伴は『音楽大全』に付された解説によると500曲ほど存在するとされる。当然だが『音楽大全』に収録されなかったものも多数存在し、近年の放送でも「今までに聴いた覚えのないぞ」と思わせるような、一風変わった劇伴が流れることがある。ネット上の〈サザエさん実況文化〉においてそれらは俗に〈レアＢＧＭ〉と呼ばれている。普段流れないような変わった劇伴が流れると「レアＢＧＭだ！」といった具合に、まるで希少動物が登場したかのように盛り上がるのがひとつのスタイルだ。アニメ実況民にとって、まれにしか登場しないマニアックな存在に触れることで、「そのアニメの内容を毎週しっかり見ていますよ」というアピールの一助になり、またそうした好事家同士の「今週も出たね！」という交流のためのツールにもなる。これも〈アニメ実況〉の愉しみのひとつといえるだろう。

チープな不協和音が軽快に流れる奇妙な劇伴「ノリスケ死のテーマ」

〈レアＢＧＭ〉として言及される劇伴は、カツオの策謀がサザエや波平にばれそうになるなどの、不穏な印象を与えるシーンや、登場人物がドジを踏んで焦っているシーン。あるいはサザエがデパートのタイムセールに我が身を捨てて飛び込み、他の主婦と争うシーンなど、比較的ネガティブなシーンで特に使用されるものが印象深い。穏やかなシーンにも珍しいものが登場することはあるのだが、やはり緊迫感のあるシーンという事自体がアニメ実況においてネタにしやすく、後々印象に残りやすいところもあるのだろう。

そうした〈レアＢＧＭ〉の代表格として特に有名なのが、「全自動タマゴ割り機」でお馴染み「父さん発明の母」（№５８７５／２００７年5月27日放送）において、ノリスケが「タマゴ割り機」を馬鹿にして波平を激怒させるくだりで流れるものだろう。チープな不協和音が軽快に流れる奇妙な劇伴は、ノリスケに危機が迫っている様子を見事に伝えるものとして、一部のネット上では「ノリスケ死のテーマ」とも称されているほどだ。俗称とはいえ、具体的なタイトルがファンによってつけられ、それがある程度普及してしまったというのも一種ネットならではの事象であろう。

〈レアＢＧＭ〉は特に、98年以降越部氏のあとを継いでＢＧＭを担当している河野土洋《くにひろ》の作品が中心と推測されるが、埋もれていた古い越部作品が掘り起こされるケースもあるようだ。

近年の主な河野仕事とおもわれるものをいくつかあげると、先の俗称「ノリスケ死のテーマ」。「羽衣伝説カツオ天女に会う」（№６９７５／２０１３年12月1日放送）にて、どたばたシーンで時おり用いられるＢＧＭの昔ばなし風アレンジバージョン。スペシャル放送での九州旅行編である「列車は思い出を乗せて」「宇宙に一番近い島」（№

7160&7181／2014年10月5日放送）でも近未来風のレアなBGM（あくまでサザエさんにおける近未来風なので、古めかしさは隠せないが……）が使用されている。
お馴染みの劇伴（越部作品）が室内管弦楽のシャンブル・サンフォニエットによる演奏で録音されているのに対し、こちらは生楽器の音を使わず、パソコン上で制作されている（DTM＝デスクトップミュージック）ところから、なんとなく越部作品との音色の違いを感じることが出来るだろう。

お話の面白さが語られやすい『サザエさん』だが、このようにBGMも見（聴き）所のひとつとして楽しむことが出来る。『サザエさん』を見ているとき、自ずから「おっ、これはレアBGMだな」と感ずることができるようになれば、あなたも立派な（？）サザエさんヘビー視聴者の一員だ。

（註）http://www.oricon.co.jp/prof/183/products/1049601/1/

タマの鳴き声もタラちゃんの足音も……

伝説の効果音をつくった男

前項のBGMに比べるとあまり目立つ存在とはいえないが、音響効果（Sound Effect＝SE）もまたアニメにとっては重要な存在ではないだろうか。アニメ『サザエさん』でいえば、例えば一時期はエンディングのキャストクレジットで「？」と表記されていたタマの鳴き声、あるいはタラオやイクラたちの「しゅたたた」という特徴的な足音、あるいは磯野家の面々が帰宅する際に必ず使われる玄関の引き戸が「がらがらがら」と鳴る音。耳にするだけでアニメ『サザエさん』だとわかる効果音は多く存在する。

そんな音を40年以上つくり続けてきた大ベテランが柏原満氏である。かつてアニメ『サザエさん』の録音演出を担当していた岡本知氏の亡き後は、その仕事を引き継ぎ、新しい効果音の制作から劇伴の選曲に至るまで音にまつわる全般を担当する。アニメ『サザエさん』のサウンドマスターと呼べる存在だ（２０１４年からは今野康之氏との連名）

その仕事は『サザエさん』だけにとどまらず、古くは『鉄腕アトム』から現在に至るまでアニメの音響効果の第一人者として活躍し続けている。アニメファンには『宇宙戦艦ヤマト』の波動砲、『ドラえもん』のひみつ道具を出す時のフラッシュ音などの作者としても特に知られ、テレビアニメ以外にも『銀河鉄道の夜』『平成狸合戦ぽんぽこ』など、アニメ史に残る映画作品にも多く参加。２０１３年には長年の功績を評価され、第17回文化庁メディア芸術祭功労賞も受賞している。

フジテレビのプロデューサーを通じて『サザエさん』に参加

柏原氏は１９３３年高知県生まれ、叔父の経営する映画館の手伝いをするうちに映画に興味を持ち、日本大学芸術学部映画学科を経て、アサヒスタジオで記録映画などの音響効果を制作していた大橋鉄矢氏に師事、音響効果に目覚める。更にアオイスタジオに移り、ミキサーとして、当時『鉄腕アトム』を担当していた大野松雄氏のもとでアニメの音響効果を学んだ。

今でこそコンピュータで様々な音色をつくることができるが、当時はまだシンセサイザーも黎明期で日本には存在しなかった時代（日本初である冨田勲が１９７１年頃だという）。そのなかで「アニメらしい音」をつくりあげたパイオニアというべき存在が大野松雄氏だ。アトムならではのＳＦを表現するための未来的でこの世ならざる効果音をつくるために、次のような工夫を凝らしたという。

「（アトムの足音は）マリンバの音色を電子加工し、テープを手で反転させることでつくられた」（『LIVING design』２００５年３月号「この世ならざる〝音〟を探して。音響デザイナー・大野松雄」／風土社）

「６㎜テープを細切れに編集して、２、３秒の音を作るのに半日掛けて、それをちょっとずつコピーして、編集して伸ばして、そうしてピッピッピッピッっていう長い音が出来るような」（『Stage sound journal』Vol.８ No.39 ２００７・12「アニメーションの効果マンとして50年〝柏原満〟さんの足跡」／日本舞台音響家協会）

とまさに黎明期の手探りの作業。そうした音響効果を現場で学んだ柏原氏は、『どろろ』『佐武と市捕物控』などでキャリアを積んで行く中で『アトム』と同じフジテレビの別所孝治プロデューサーを通じ『サザエさん』に参加することになる。

滑るように歩く音

では『サザエさん』の音響はどう作られているのか。『サザエさん』における効果音について、ご本人はこう語る。

「『サザエさん』では、僕がほかの作品でやってるような特徴的な音は敢えて作っていません。いわば〝サザエ・ワールド〟からはみ出しちゃいけない、ということを意識しています。あの能天気な磯野家の空間をどれだけキープ出来るか」
「実は〝サザエ・ワールド〟って、現代を描いていながらもある種のタイムパラドックスというか、どこか昔のまま変わらないところがあるんですね。例えば磯野家には電子レンジの音もしなければ、電話もいまだに黒電話で、町に出ても我々が暮らしている世界にあるような電車の音やなんかは聴こえてこないんですよ。あの世界は現代でありながら昭和の時間が流れているんですね。つまり、昭和の匂いをいかに残すかが一番大事なことだと思っていて、だから波平やマスオはいまだに携帯電話も持っていないんです。僕はこの作品を〝偉大なるマンネリ〟と割り切って、なるべく余計なことをしないようにと心掛けて作っています」（以上、『サザエさん音楽大全』ブックレット）
　だが、アニメ『サザエさん』においても、回想シーンに入る時の「ぶーんぶーんぶーんぼあ」とでも表現できる音、登場人物が疑問符「?」を出す時の音、カツオやノリスケ達が失態を犯した時の効果音など、「この世ならざる音」は登場する。次に別の文献から引用してみよう。
「たまに「タラちゃんの足音はどうやって作ってるんですか?」なんて質問を受けますけど、僕は一歩、一歩にそのまま一つずつ足音を付けるのって当たり前過ぎてつまらないと思うんですよね。もっとも「サザエさん」みたいな日常生活が舞台の作品だと、畳が擦れる音とか廊下の軋む音のような現実音も必要ですけど。でも、そうじゃない作品だと、できるだけ現実音以外の音を考えます」（『レコードコレクター』２０１０年2月号「ブラウ

ン管の向こうの音楽職人たち」第46回／ミュージック・マガジン）

現実音以外の音とはどんなものなのか。さらに引用を続ける。

「アニメーションの場合は、歩くというよりは、滑るというような要素が含まれる気がして、そういった音を考えるんです。それこそムーミンの歩く音なんかは、ただ単に歩く足音というよりは、滑るように歩く音といいますか。タラちゃんだって、実際に僕がつけた音は歩く音というよりは、滑る音なんです。タラちゃんは、確かに一歩、一歩、歩いているんだけども、カツオなんかに比べるとちっちゃい足が滑ってるイメージです。で、そういった一連の音の先にドラえもんの足音があるんですよ」（前掲『レコード・コレクター』）

ＳＦ作品の印象の強い柏原効果音の中でも、アニメ『サザエさん』でつくられる音の世界はまた一種のこだわりがあるようだ。ＳＦであろうと、日常劇であろうと、アニメーションという真っ白な紙から産まれる架空の世界で、その世界にフィットした音を探し出すための試行錯誤は、大野松雄氏の『アトム』での仕事からまったく変わっていないように思われる。

ＳＦ的な音は『アトム』の影響

アニメ『サザエさん』において「特徴的な音は敢えて作っていない」と語る柏原氏だが、

ときたま「変わった音」が登場することもある。本項の結びに代えて、本書でとりあげている近年作品の範囲での変わった使用例をいくつかあげておきたい。

「カツオの受験対策」（№６８９７／２０１３年1月27日放送）では、波平が訪れた客先の家に受験生がおり、合格報告に立ち会うという回想シーンで、まるでテレビゲーム（しかも平成初期、スーパーファミコンやＰＣエンジンの時代のそれ）のレベルアップの時のような効果音が流れた。あまりにもアニメ『サザエさん』に似つかわしくない上に、そもそも21世紀のテレビ番組としてはあまりにも異質なそれにリアルタイムで視聴した筆者も魂消たが、おそらく多くの視聴者が驚いたことだろう。

また「羽衣伝説カツオ天女に会う」ではカツオが「タイムスリップ」をするシーンで「ビカビカビカー！」とでもいうような効果音が使われた。これは『ドラえもん』にも似たような音が使われていたように思うが、別作品でのストックをつかったのだろうか。

柏原氏はインタビューにてもっとも得意なジャンルをきかれ「やっぱりＳＦですかね。これはやっぱり『アトム』の影響ですよ」（前掲『Stage sound journal』）と答えている。「ＳＦ」に対する拘りが、偶然『サザエさん』でも表出した変わった例といえるだろうか。

ネットの話題回を総チェック！

実況レビュー

2014年

2014年

1月5日放映　No.7049

「ホリカワくんの弟」

脚本：雪室俊一　演出：森田浩光

【あらすじ】

ひとりっ子のはずなのに、
学校の作文で弟について書いた
ホリカワくん。なんと、彼の言う
弟とは人型に見える塀の模様
であることが判明し……。

まるでホラー漫画のようなプロット

ホリカワくんがおかしい少年であるとインターネット上で話題になった回。以後、彼は奇行を繰り返す少年としてネットの海で注目を集めていくこととなる。

学校の作文の授業で、普段は1枚しか書かないホリカワくんだったが、今日はなんと3枚も書いて先生に褒められる。その内容は、弟とキャッチボールをしているという、一見ごく普通のものと思いきや、彼の言う弟とは、なんと人間ではなく、どことなく少年のように見える塀の模様だったのだ。

彼はそれをヘイキチと名付け、自分の弟としていたのだ……と、書き出してみると、まるでホラー漫画のプロットのようである。これを、ちょっとユニークでほのぼのとしたエピソードのように捉えているあさひが丘の住人の感性は非常に豪胆であると思う。

ちなみにこのホリカワ少年、1年後にまたもや学校の作文でトンチンカンなことを書いて我々視聴者を唖然とさせるのだが、それについては後述の『夢見るホリカワくん』を参照されたい。たぶん彼は（雪室氏が作文ネタに飽きない限り）何度でもこういった変な作文を書き上げてくるのだろう。

評価 ★★★★★★★★★☆

2014年

2月2日放映　No.7060

「オテンバの人」

脚本：雪室俊一　演出：森田浩光

【あらすじ】

サザエの旧友、みさとがひさびさに遊びに来た。彼女は若い頃、サザエ以上のおてんばだったらしく……。

絶縁宣言されても文句は言えない

サザエ以上のおてんば、という強烈すぎる設定を持つゲストキャラクター、みさとさんが登場。現在は御殿場の牧場に嫁いでいるということで、この時、ワカメが御殿場をおてんばと聞き間違えたというのが今回のタイトルの由来だ。

そのみさとさん、現在は結婚したことで落ち着いたのかと思いきや、本質はいまだにサザエと同じく『翔んでる女』で、牧場の乳牛たちに友人たちの名前をつけるというよく考えなくてもかなり失礼な行動をとっている。自分の名前を家畜に使われるとか、特殊な性癖でも持っていないと、とても喜べたものではないと思うのだが……。サザエが物事を深く考えないタイプだからよかったものの、一歩間違えたら絶縁宣言されても文句は言えないはずである。

ちなみに、サザエさん世界には他にもサザエという名前の牛が存在する。作品No.6204「おんせん宿は花ざかり」（2009年7月26日放送　脚本：成島由紀子）で、磯野家が泊まった民宿（主人の声を演じたのは島田紳助）の牛が子供を産んだので、世話になった磯野家から名前を取りたいと言うことでサザエと名付けられたのだ。海産物の名前なのに、なぜか牛に名前を引用されることが多い女、フグ田サザエ。そんな彼女の特技は、牛ではなくてゴリラの物真似である。

評価　★★★★★★★★★★

2014年

2月9日放映　No.7056

「波平親切騒動」

脚本：城山昇　演出：村山修

【あらすじ】

おばあさんの荷物を持ってあげた波平。おばあさんを電車に間に合わせるために走ってへとへとになってしまい……。

故・永井一郎さんの遺言（のような話）

2014年1月27日、サザエさん放送開始1回目から波平の声を担当されていた永井一郎さんがお亡くなりになった。そして、この話が永井さんが生前に波平の声を収録した最後のサザエさんだったのだが……内容が、波平が親切心を出した結果、周囲に振り回されてへとへとになり、サザエに次の台詞を言われてしまう、というものだったのだ。

「身体の具合が悪くなったんじゃないの？」

他にも、疲れて眠っている波平の姿をカツオたちが微笑ましく眺める姿や、波平が風呂場でカツオに「人に親切にすることを心がけなさい」と諭す姿などが描かれており、うがった目で見るとすべてのシーンがまるで遺言のような話であった（放映中に追悼テロップや特別メッセージなどは流れなかった）。

また、タイミングが悪かったのはこの回だけではなく、永井一郎さん逝去後初めての放映だった週でも波平が長寿に効果のあるヨガのポーズを教わり、全国のお茶の間にとんでもない変顔を晒した話（２０１４年2月2日放映 作品№７０７１「ネクタイにご用心」）が描かれており、多くの視聴者が「よりにもよってこのタイミングで長寿……」と唖然としていたのも印象深い。

ちなみに、永井さんが最後に喋った波平の台詞は「うっかり道も教えられんわ！」である。道を尋ねられ、目印を教えるもその目印がどれもこれも移転したりで使えなくなっていたため、慌てて教えた相手の元へ駆けていき、それを唖然とした顔で見つめる磯野家の面々、という、なんとも波平らしい、ドジな姿で締めくくられていた。

評価 ★★★★★★★★★☆

2014年

2月16日放映　No.7069

「ママは読者モデル」

脚本：雪室俊一　演出：森田浩光

【あらすじ】

なんと読者モデルに
選ばれたサザエ。
写真撮影のため、意気揚々と
スタジオに向かうも……。

カメラマンの暴走

「読者モデルに選ばれたの！」と喜ぶサザエ。来月、自分の写真が掲載される予定の雑誌を早くも予約しに行くなど浮かれる一方だが、この時点で何らかのオチが待ち構えているということは火を見るより明らかだった。

スタジオで、華やかなドレスを見て自分もこれを着られるのかとサザエが喜んだのも束の間、スタッフに渡された衣装はなんとモンペ。どうやら雑誌の企画は『読者モデルによる女性の服装の変遷』という特集だったらしく、昭和

20年代の女性を担当してもらうことになっていたのだ。

　モンペ姿のサザエを見たカメラマンはよく似合うと太鼓判を押し、その後もカメラマンの暴走は止まらず、手ぬぐいをほっかむりにさせ、くたびれたリュックを背負わせ、おまけにそこにしなびた大根を入れ、「戦後をたくましく生き抜いた女性のイメージにぴったりだ!!」と大興奮。サザエさんの連載開始時期は終戦直後なんだからそりゃあピッタリだろうよ!!　と、テレビを観た視聴者がツッコミを入れたことは想像に難くない。

評価　★★★★★★★★★★

2014年
3月9日放映　No.7078
「春のベッピンさん」
脚本：雪室俊一　演出：森田浩光

【あらすじ】
工事現場のおじさんに
からかわれたと悲しむワカメ。
話を聞くと、「ベッピンさん」と
言われたらしく……。

狂言回しとしてのホリカワくん

　自分が褒められていたことを知ったワカメが（あらすじ参照）、逃げ出してしまったことを謝るために工事現場に行くと、そのおじさんこと熊倉万作さんは青森から出稼ぎに来ていた人で、仕事が終わって故郷へ帰ってしまったと言われる。熊倉さんの実家の住所を教えてもらったワカメは、手紙を送って謝罪の気持ちを伝える。

　それを読んだ熊倉さんは感激して、青森名産のリンゴとともに自分の下の名前と同じ、万作の花を磯野家に送るのだ。ワカメの子供らしさと女らしさが表現された、まるで春風のように心温まるエピソードだ。

……しかし、この話の本当の主役はワカメではない。あさひが丘のトンチンカン少年、ホリカワである。

今回の彼は、ひるが丘で道路工事が行われていたことをワカメに教えて、彼女が熊倉さんに手紙を送るきっかけを作った〝功労者〟のはずなのだが、ベッピンという言葉の意味を化粧をしていない人のことであるすっぴんと勘違いしていたり、ワカメが熊倉さんに手紙を出した姿を見て『字が読める熊がいるんですか?』などとピントのずれた発言を多くかましてくれており、良くも悪くも彼が話の主役となってしまった。

この時期の雪室氏の脚本は、ホリカワくんを狂言回しとして使うことが非常に多く、主役は他のキャラクターのはずなのに、終わってみればホリカワばかり印象に残る、というエピソードが多々あったのである。

評価 ★★★★★★★★★★

2014年

4月13日放映　No.7094

「ハヤカワさんの駅」

脚本:雪室俊一　演出:村山修

【あらすじ】

ハヤカワさんと同じ名前の駅があるという話題で盛り上がるみんな。その後、波平に早川に釣りに行かないかと誘われたカツオは、ハヤカワさんにも声をかけるが……。

男をその気にさせる、ハヤカワさんの魔性

すでにここ数年、恒例行事となりつつあるハヤカワ回。早川に釣りに行かないかと波平に誘われたカツオは、ちょうどその日、早川駅の話題で盛り上がっていたこともあり、一緒に行かないかとハヤカワさんに声をかける。気になっている女の子にデートの約束を取り付けて浮かれるカツオは実に微笑ましい。

しかし、カツオに厳しい雪室脚本、そうすんなりとは行かず、ハヤカワさんは親戚のお見舞いに行くことになって

しまい、カツオはデートをドタキャンされてしまう。

落ち込みながらもせめて早川駅の写真をおみやげにしようと波平とともに早川へ行ったカツオであったが、そこになんとハヤカワさんが現れ、カツオは『夢みたいだ……』と喜ぶのであった。

今回もハヤカワさんの魔性の女っぷりが炸裂しており、結果として、男をその気にさせておいて上げて落としてまた持ち上げるという行動をとっているのが素晴らしい。さらに、早川駅をバックに写真を撮ろうという話になった際も、カツオに一緒に撮ろうという話を持ちかけた上で、さらに波平にも一緒に入ってもらうよう声をかけるなど、予防線を張っているのではないかとすら思わされる。

彼女はすでにあの歳で、自分が女であることや男たちからの人気があることをきちんと理解した上で自身の立ち居振る舞いを考えているのではないだろうか。

ちなみに、今回の話の基となった原作ネタは、釣りに行く波平がタバコを買ったら、店主に「つりですね」と何度も訊かれ、波平はそうだと答えてあそこの親父も耳が遠くなったもんだと独りごちるが、店主はタバコ代のお釣りのことを言っていた——というものだったのだが、その4コマ1本からここまで話を膨らませてほぼオリジナルで書き上げる雪室氏の豪腕には毎度ながら感服する。

評価 ★★★★★★★☆☆

2014年

5月11日放映　No.7109

「花沢さんちの愛の巣」

脚本：雪室俊一　演出：森田浩光

【あらすじ】

取り壊す家からツバメの巣を取り外し、引っ越しを行った花沢不動産。カツオたちは、ちゃんとツバメが巣に帰ってこられるのか心配するが……。

なぜツバメではなく傘が飛んでいたのか

今回、話の本筋以外にもネット上で話題になった部分がある。雨の日に窓の外を2本の黒い傘が飛んでおり、気づいたワカメが窓を開けると雨上がりの空を2羽のツバメが飛んでいた——という描写がそれだ。

なぜツバメではなく傘が飛んでいたのか、正直怖い、何かの隠喩なのか、と当時話題になったのだが、実際のところは原作4コマにもあったネタで、飛ぶ傘は雨が上がったことを表していたのだ。

原作4コマ単体で見るとわかりやすいネタながら、話を膨らませてツバメを話の中心に据えた結果、若干わかりづらくなってしまっていたというのが、媒体の違いを感じさせて面白いところだ。

評価 ★★★★★★★★★

2014年
5月25日放映　No.7103
「頼もしい姉さん」
脚本：城山昇　絵コンテ：高柳哲司
演出：山口秀憲

【あらすじ】

高い所から身を乗り出していた子供を危ないと叱ったサザエ。泣かれてしまい、いつもカツオを叱るようにやってしまったことを恐縮するサザエだったが……。

伊佐坂夫妻の磯野家に対する評価は

フグ田サザエといえばおせっかいで何にでも首を突っ込みたがる、というのが視聴者の共通見解だろう。それが遺憾なく発揮された回であった。いまどき現実でやったら大問題になるおそれのある他人の子供を叱る行為を、ビシッと決めてくれたことには爽快感を覚える。

ほかにも、通りがかった家の夫婦喧嘩を仲裁したりなど、サザエのおせっかいはとどまる所を知らないが、お隣の伊佐坂夫妻は、そんなサザエを頼もしい女だと思っているらしい。伊佐坂夫妻の磯野家に対する評価は異様に高く、磯野家が仕事中の伊佐坂先生を気遣い、いつもと違って静かにしていたらかえって気になってしまって仕事にならない……といった描写が散見されていた。いくらなんでもあの騒がしい磯野家を過大評価してやいないかという気もするが。

評価 ★★★★★★☆☆☆☆

2014年

6月8日放映　No.7129

「行列ものがたり」

脚本：雪室俊一　演出：森田浩光

【あらすじ】
バーゲンの大行列に並ぶサザエ。
そこで、甚六がアルバイトをしている姿を目撃する。『家族には内緒にしてほしい』と懇願されてしまうが……。

サザエの動揺を誘う、あまりにも見事な手際

サザエがバーゲンに行った先のデパートで、アルバイトをしている甚六に遭遇、家族には、予備校の合宿に行っているということになっていたため内緒にしてほしいと言われる。秘密を守ろうとしたサザエは、何やら隠していると感づいたカツオの誘導尋問に引っかかり、秘密がバレてしまう。

普段、カツオが何か秘密を作り、サザエが異様な勘の良さでそれをあっという間に暴くというのはサザエさんでよ

く見られる構図だが、今回は逆にカツオが探偵役をやるのが面白い。しかもその際の誘導尋問も、「予備校に入ったら行列の最後尾でプラカードを持つアルバイトがしたい」と言い出してサザエの動揺を誘う、というあまりにも見事な手際で感服。これだけ頭が回るのになぜ勉強ができないのか……と問うのはもはや無粋か。

評価 ★★★★★★★★☆☆

2014年

6月29日放映　No.7097

「お父さんと野球観戦」

脚本：城山昇　絵コンテ：高柳哲司

演出：佐々木涼

【あらすじ】

友人の西原がお父さんとナイターを観に行くと知り、羨ましがるカツオ。そこでノリスケに頼んで、野球のチケットを用意してもらい……。

サザエの経験則に基づいた推理

自分もナイターを観に行きたいと、ノリスケをうまいこと使って野球のチケットを波平に手に入れさせたカツオ。そのノリスケも、波平からビールと焼き鳥をおごってもらい、しっかりと元を取っているのが実にらしい。

また、チケットをもらってきた波平を見て何かおかしいと思ったサザエが「あんたがノリスケさんに頼んだんじゃないの？」とカツオに問うのだが、これはいつもの異様な勘の良さというよりは、あのノリスケが無償で従兄弟のためにナイターのチケットを用意してやるわけがない、という経験則に基づいた推理だと思う。鋭い。

評価 ★★★★★★★★★☆

2014年

7月13日放映　No.7142

「ガンさんの入道雲」

脚本：雪室俊一　演出：西田正義

【あらすじ】
マスオの同僚、石垣島出身のガンさんこと
岩波さんはとんでもない恐妻家。
ついに、「里に帰らせてもらいます」
などと言い出すが……。

適当過ぎる(?)
サブタイトルの付け方

この回のサブタイトルの入道雲、語感だけでタイトルを決めてそれに合うように適当に入道雲要素をねじ込んだ（岩波さんがタラオに自分のあだ名の由来を説明する際、ガン＝岩、岩とは大きな石のことで、入道雲みたいに大きな岩だってあるんだと説明していた）のだろうと思える適当な描写だったことは記しておきたい。これもまた雪室氏のタイトルの付け方のパターンの一つと言えるだろう。

評価 ★★★★★★★★★☆

2014年

7月20日放映　No.7146

「ホリカワくんの卵」

脚本：雪室俊一　演出：森田浩光

【あらすじ】

ホリカワくんから卵のおすそ分けをもらった
磯野家。ホリカワは、

「絶対に卵かけご飯で食べてほしい」

と言い出して……。

ネットユーザーの間では
『ホリカワはサイコパス』

田舎のおばあちゃん家の近所の養鶏場の産みたて卵をお

みやげに持ってきたホリカワ少年。絶対に今日中に卵かけご飯で食べてほしいと、わざわざ卵かけご飯専用の醤油まで持参してくる。ワカメは食べ方まで指図する彼にあきれていたものの、いざ食べてみると絶品で、磯野家は産みたて卵の味に舌鼓を打つのであった。

と、ここまでなら、ホリカワの親切心と自分の田舎に対するちょっとした自尊心が感じられて、彼の子供らしさが微笑ましい話なのだが、物語は予想もしない展開を見せ、この日、サザエさんを視聴していた実況民が唖然となる衝撃のエピソードが生まれたのだ。

翌日にわざわざ卵の味の感想を磯野家に直接聞きに来て、また ホリカワ（を書く雪室氏）の暴走が始まった……と、「電話じゃ失礼だと思って（直接来た）」と言い出した瞬間、わかったであろう。アニメサザエさんをある程度視聴している人間なら一発でわかったであろう。卵の感想を聞くついでに、ワカメに見せたいものがある、と田舎で親しくなったというヒヨコの写真を見せるホリカワ。彼はそのヒヨコに『わかめ』と名付けたというのだ。

当然、ワカメは名前を勝手に使われたことを怒るが、それに「オスなら僕の名前をつけたけど、メスだからね」と返すホリカワ。しかも名前を勝手に引用しただけに留まらず、「ヒヨコのわかめが卵を産んだら、真っ先に人間のワカメちゃんに食べてもらいます」と笑顔で言い始める。もはや『我が子を食らうサトゥルヌス』の世界である。

そこから話はさらに続き、実はそのヒヨコがオスであったことが判明、養鶏場では飼えないということでホリカワがそれを引き取り、近所の幼稚園で飼ってもらうことになる。また、オスということで名前もわかめから『ホリカワ二世』に改名する……と、最後の最後まで濃厚な展開が続いた。

この日を境にインターネットユーザーの間で『ホリカワはサイコパス』という評価が固まってしまったのだが、正直なところ、雪室氏の書くホリカワくんは、程度の差こそあれ昔からこういうキャラクターである。

評価　★★★★★★★★★★

2014年

7月27日放映　No.7145（27時間テレビ回）

「星空の映画会」

脚本：雪室俊一　演出：山口秀憲

【あらすじ】

小学校の校庭で野外映画会が
開かれることを知ったカツオたち。
しかしなんと、ゲストとして波平の名前が
書かれており……。

元ガキ大将の大悟は
波平のスピーチを聞いて
号泣していたが…

波平たち兄弟の同級生のガキ大将、大悟は、腕力を笠に着てよく波平たちをいじめており、映画会でも強引に席を奪ったりしていたが、その時に上映された『母もの』の感動映画を観て、彼は涙を流していたのだ。それを目撃した波平たちに、自分が泣いていたことは絶対に言うなと釘を刺し、以降、彼は波平たちをいじめなくなった。

　波平にそんな過去があると知った花沢父は、映画会でのスピーチを依頼。本番当日、波平は見事なスピーチを行い、観客を感心させるのだった。

「野外映画の素晴らしさは、これだけ大勢の人たちが一緒に笑ったり泣いたりできることです。古い映画なので、フィルムが切れることがあるかもしれません。そんな時は、夜空を見上げてください。東京にもこんなに星があることに気付かれるでしょう」

　ちなみに、波平に招待されたもとガキ大将の大悟は、このスピーチを聞いて号泣していた。たしかにいいこと言っていたけど、別に泣くような内容ではなかっただろうに……と思うのは視聴者だけで、きっと彼は、旧友が野外映画会という思い出深いイベントに誘ってくれたこと自体に感動していたのであろう。四十年来の友情に乾杯。

評価　★★★★★★★☆☆☆

2014年

7月27日放映　No.7148（27時間テレビ回）

「笑顔のレシピ」

脚本：中園勇也　演出：森田浩光

【あらすじ】
スーパーの大安売りで、キッチンカーで
全国を回っているコックと知り合ったサザエ。
八百屋を紹介してあげたお礼にと、
翌日、一家で昼食に招待され……。

SMAPとのコラボ回は当たり障りのない内容

27時間テレビ特別篇、当時まだ解散していなかったSMAPとのコラボ回。なお、劇中では彼らはSMAP本人とは明言されず、あくまでキッチンカーで全国を旅する5人のコックということになっている。大物芸能人とのコラボということもあり、さすがに当たり障りのない内容となっているが、草彅剛が韓国料理であるビビンバを作ったり、稲垣吾郎がワインについてのウンチクを披露したりと、本人の普段の活動をきちんと踏まえた行動をとっていたのが評価高い。

評価 ★★★★★★★★☆☆

2014年

8月10日放映　No.7151

「強くて弱いマスオ」

脚本：雪室俊一　演出：佐藤豊

【あらすじ】
電車内で、競馬実況を音漏れさせている
強面の男を注意したマスオ。
話を聞いたノリスケは、自分だったら
寝たふりをするというが……。

本編とサブタイトルの不一致

冒頭、誰も怖がって注意しようとしない強面の男に、音漏れが迷惑だと注意するマスオ。彼の行動を賞賛する磯野家であったが、カツオは「隣りにいた姉さんが怖かったんだよ」といつものようにサザエを冷やかして、いつものように怒られるのであった。

ちなみに、雪室氏の脚本にはよくあることだが、今回の話の主役はサブタイトルに使われているマスオではなく、ゲストのチンピラ風の男、黒木（前述の強面の男とは別）。劇中、名前は出てこないが字幕により確認）とノリスケである。雪室脚本の場合、良くも悪くも本編の内容とサブタイトルが一致しないケースが多々あるのだ。

評価 ★★★★★★★★☆☆

2014年

8月24日放映　No.7159

「大きな子どもたち」

脚本：雪室俊一　演出：青木康直

【あらすじ】
残ったおやつのドーナツを
「ジャンケンで勝った人がおあがり」
と言うフネ。そのジャンケンに、
子供たちだけでなくサザエまで
参加してしまい……。

ジャンケンを軸に各キャラクターの掘り下げ

すっかりサザエさんの代名詞のひとつとなったジャンケンだが、その上でカツオにこの台詞を言わせた雪室氏の遊び心が楽しい。

「大人はジャンケンなんかしないもんだよ」

今回の話はジャンケンを軸に各キャラクターの掘り下げを行っており、子供のおやつ争奪戦のジャンケンについつい手を出してしまうサザエ、会社の女の子たちとのジャンケンに負けておやつの買い出しに行かされるマスオ、タイコとのジャンケンに負けてイクラの世話を任されるノリスケ、など、そのどれもが実に「らしい」のが素晴らしい。

中でも愉快だったのが、マスオがジャンケンで負けっぱなしという話を聞いただけで、会社の女の子にいい顔をしたいんじゃないかとへそを曲げていたサザエだ。サザエの嫉妬深さと思い込みの激しさが非常によく現れており、ひょっとすると『若い女』、『ジャンケン』というキーワードと、普段のマスオの女に対しての弱さから、お座敷遊びの野球拳を想像するくらいまで発想が飛躍していたのではなかろうか。

評価 ★★★★★★★☆☆☆

2014年

8月31日放映　No.7168

「なつかしい切手たち」

脚本：雪室俊一　演出：長友孝和

【あらすじ】
切手をなめると味で種類がわかる、と実演してみせるカツオ。
それを聞いたホリカワは、自分の切手コレクションをなめてほしいと言い出して……。

置いてけぼりにされた視聴者

切手は種類によってのりの味が微妙に違うから、目隠しをしていても裏をなめればわかる、とワカメやタラオの前で実演してみせるカツオ。もちろん実際はトリックを使っていたわけで、波平からはくだらないことをするなといつものように叱られてしまう。

しかしそれをどこから聞きつけたのか、翌日、ホリカワ少年がカツオの前に現れて、親戚のお兄さんからもらった切手コレクションをカツオにぜひなめてもらいたいと差し出す。ホリカワの奇行がまた始まったと辟易するカツオ、今度切手をなめたら波平に勘当されてしまうと言って彼をあしらうも、ホリカワの行動力は本日も絶好調、仕事帰りの波平を駅で待ち伏せして、お兄さんになめてもらいたいんだと自分の切手コレクションを差し出すのであった……。

あらすじを読んだだけで頭を抱えている方もいると思われるが、筆者この回を見た時はゲンナリしたものである。いったいなぜ彼はそこまでして切手をなめてもらいたいのか、そうすることで何か自分に得でもあるのか、何にでも興味を持つ子供らしさの一言で片付けてしまってよいものなのか、そういった視聴者の疑問を一切合切置いてけぼりにしたまま進みゆく雪室氏の脚本に。

しかも、置いてけぼりにされたのは視聴者だけではない。今回のホリカワくんは波平に切手コレクションを渡したところで役目を終え、磯野家による切手の思い出話に話の骨子がシフトしていったのだ。

結婚前の交際期間中、マスオに向けて手紙を書いたサザエは、切手を貼り忘れたまま出してしまう。サザエはまるでこの世の終わりのような顔をして、「もうダメだわ。切手を貼らない手紙が届いたりしたらマスオさんに嫌われちゃう」と大騒ぎしていたそうだ。切手がなければ相手に届くはずがないのに、だ。

わずかな描写のうちに、サザエのキャラクター性があますところなく描かれているのは見事だが、ホリカワの奇行だけでお腹いっぱいなところに、サザエの奇行まで放り込まれるのは視聴者のキャパシティを超えてしまう、と思わせてくれる回であった。

評価 ★★★★★★★☆☆☆

2014年

10月5日放映　No.7147

「レッツゴーサザエさん」

脚本：城山昇　演出：山口秀憲

【あらすじ】

サザエさん特別編はなんと
ミュージカル回。
名曲『レッツ・ゴー・サザエさん』を
高らかに歌い上げるサザエ、
今がサザエの時代（とき）なのだ……。

サザエさんのミュージカル回が暗に示すもの

なんとサザエさんのミュージカル回。サザエの自己紹介ソング『レッツ・ゴー・サザエさん』や、カツオの自画自賛テーマソング『カツオくん（星を見上げて）』を高らかに歌い上げつつフグ田サザエという女、磯野カツオという男の生きざま・キャラクター性を見事に我々視聴者に見せつけてくれる脚本・演出にただただ感服。２０１３年に放映された実写ドラマ版で、ゲストに水前寺清子を出すためだけに三百六十五歩のマーチがむりやりねじ込まれていたのとはえらい違いである。

レッツ・ゴー・サザエさんの歌詞によると、空が大きく見えるのも地球が動いているのもサザエのおかげということなのだが、実際サザエさんがなかったら首が回らなくなる人だって確かに存在するはずである。つまりは、そういうことである。

そして、我々視聴者にとっても、サザエさんが日曜夜6時半に存在しなかったらその日曜日はひどく味気ないものとなるし、何より現在雪室氏の脚本が拝めるのはサザエさんだけなのだから（アニメージュ２０１６年2月号　雪室氏のインタビューより）、サザエさんが無くなることによる損失は計り知れないだろう。

この回のラストシーンは、磯野家が総出でエンディングのようにサザエの先導とともに歩いていくというものであり、その際に波平とカツオが発した「どこまで行くつもりだ」、「なにしろ姉さんの時代《とき》だからね」というやり取りは、サザエさんがこれからも国民的アニメとして続いていくのであろうと我々に確信させてくれる。

レッツ・ゴー・サザエさんが歌い上げていた通り、サザエさんにはまだまだやらなければならないことが沢山あるのだから、ぜひこれからも、お茶の間に笑いを届け続けていただきたいものだ。

評価 ★★★★★★★★★☆

2014年

10月5日放映　No.7137

「空を見上げる男たち」

脚本：小林英造　演出：森田浩光

【あらすじ】

クラスの女の子たちに
いい格好をしたいと、天体観測をするカツオ。
宇宙へのロマンは、マスオや波平たちも
巻き込み始め……。

急にやる気をなくす磯野家の行動パターン

サザエさん45周年を記念して、放映開始年の１９６９年に起こったアポロ11号の月面着陸にちなんだ宇宙回。３話連続で宇宙関連の話が続く、スペシャル回となっている。

友人の西原が星や宇宙に関するウンチクを披露したらクラスの女性陣にちやほやされたことに対抗心を燃やしたカツオは、自分も望遠鏡で天体観測を始める。また、それだけに留まらず、エッグドロップ（卵を高い所から落としても割れない、衝撃を吸収する容器を紙で作る理科実験）に手を出したり、ペットボトルロケットを作ったりと、宇宙に対しての情熱を燃やしていくうち、カツオ自身より協力者であるマスオのほうが、むしろ夢中になっていき、夜なべしてペットボトルロケットの設計に取り組み始めてしまう。

夜なべの甲斐あって打ち上げは大成功、と思ったら、隣で同じく打ち上げをしていた家族は、磯野家のものより数段すごいロケットを作っていたのであった。普段ならここで急に熱が冷め、やる気をなくしてしまうのが磯野家（特に波平）の行動パターンなのだが、さすがにスペシャル回なだけあり、カツオはもっと宇宙にロマンを求める、と高らかに宣言するのであった。もっとも、その理由は「宇宙は広いから、宿題のない星もあるはず」というなんともカツオらしいものだったのだが。

評価 ★★★★★☆☆☆☆☆

2014年

10月5日放映　No.7160

「列車は思い出を乗せて」

脚本：小林英造　演出：森田浩光

【あらすじ】

種子島へロケットの打ち上げを見に行くことになった磯野家。SLの車内で、磯野家は又吉さんという男性と仲良くなり……。

恋い焦がれた女性が他人の妻に

宇宙スペシャル回2本目。種子島へロケットを見に行こうというカツオの発案が通り、九州の海平おじさんとともに種子島へ向かう磯野家。その途中、SL人吉の車内で、又吉さんという地元の男性と知り合う。そそっかしいが親切な又吉さんは磯野家とすぐ仲良くなり、楽しい汽車の旅を送る。

SLが終点に着き、いさぶろう号という電車に乗り換える際、用事があるということで又吉さんと別れた矢先、彼は車内にカメラを忘れていってしまう。車掌から、奥さんが向かう先の駅の売店で働いているという話を聞き、ついでに届けてあげることにした磯野家。ちなみに、いさぶろう号の名前の由来は、敷設当時の逓信大臣、山縣伊三郎から取ったという話だ。

目的地へ向かう最中、海平は、駅の売り子と聞いて、子供の頃、波平とふたりで駅の売店のお姉さんに憧れていたという話をし始める。美しい初恋の思い出だったのだろうが、波平たちは駅に着いてみて仰天する。なんと、その憧れの売り子さんが当時の姿そのままで売店に座っていたのだ。もちろん本人ではなく娘であり、お姉さんは上品な中年女性になっていた。そう、波平たちの憧れの女性は、現在、又吉さんの奥さんだったのである。

幼いころに恋い焦がれていた相手が知り合った男の妻になっていて、しかも娘は若い頃の懸想相手に生き写し……って、波平たち自身も中年となり、妻も子供もいる状況だから過去の美しい思い出ってことにできたけど、これがもっと若いうちの再会だったり、あるいは独身だったら色々とこじらせて昼ドラのような悶々とした展開になっていたのではないだろうか。焼けぼっくいに火はつきやすい、鳴かぬ蛍が身を焦がす。

評価 ★★★★★★☆☆☆☆

2014年

10月5日放映　No.7181

「宇宙に一番近い島」

脚本：小林英造　演出：森田浩光

【あらすじ】

種子島宇宙センターに着いた磯野家。美人のガイドさんに鼻の下を伸ばすカツオは「僕も宇宙飛行士を目指してるんです」と言い出し……。

“旅もの”の金字塔『男はつらいよ』を意識!?

宇宙スペシャル回の締め、ついに種子島宇宙センターに着いた磯野家。バスに乗って宇宙センター内を観光することになった際、同乗したガイドさんが美人だったため宇宙そっちのけで鼻の下を伸ばすカツオは、そのガイドさんが宇宙飛行士の勉強をしていると聞き、自分も宇宙飛行士を目指していると言い出す。しかもそれを聞いて、バスツアーに同乗していた女の子がカツオに対して突如ライバル宣言を始めてしまう。

笑顔の素敵な美人のお姉さん、突如現れた気の強い少女と、まるでラブコメ漫画のような設定のゲストキャラがどんどん登場し、普段の話との毛色の違いを見せてくれた。この回に限らず、スペシャル回ではゲストヒロインが出てくることが多いのだが、ゲストがいたほうが話を作りやすいからという理由だけではなく、磯野家が旅行に出かけるエピソードが多いため、〝旅もの〟の金字塔である『男はつらいよ』のゲストヒロインを意識しているという面もあるのではないだろうか。

評価 ★★★★★★☆☆☆☆

2014年

10月12日放映　No.7180

「ワカメこの一枚」

脚本：雪室俊一　演出：長友孝和

【あらすじ】

「写真映すからちょっと来て」と声をかけられたワカメ。写真のモデルにしてもらえると嬉しがったが、単にシャッターを押してほしいというだけの話だったようで……。

他人の三脚で撮影する、面の皮が厚いカップル

冒頭からワカメの思い込みの強さと自意識の過剰さが炸裂。若い男に声をかけられ、写真のモデルになれるのかと喜ぶも、その男は単に、自分と彼女のツーショット写真を撮影してもらいたかっただけの模様だ。

　帰宅後、サザエたちに対してまったく失礼な話だった、と愚痴るワカメ、そこにホリカワくんがカメラの三脚を持って現れる。ワカメがこの三脚を使って写真を撮っていたのを彼の友人が見ていたらしく、忘れ物ではないかと思って磯野家に届けに来たのだ。持ち主とおぼしきカップルはこのあたりの人間ではないだろうということで、結局、サザエたちも一緒に交番に届けにいくことに。

　落とし主はすんなり見つかった。ただ、実はその三脚、若いカップルのものではなく熊沢さんという紳士的なおじいさんが置き忘れたものだったことが判明する。つまり冒頭のカップルは、他人の忘れ物を勝手に使って自分たちのツーショット写真を撮っていたのだ。なんとも面の皮が厚いカップルである。

評価　★★★★★★★★★☆

2014年

10月12日放映　No.7185

「高嶺のマツタケ」

脚本：城山昇　絵コンテ：高柳哲司
演出：茉田哲明

【あらすじ】
マツタケのことを夢に見たサザエ。
ぜひとも食べたいと思い立つが、
懐事情がなかなかそれを
許してくれず……。

秋の食卓に見る、磯野家の悲しい懐事情

マツタケといえば、ホームコメディもののアニメ・漫画キャラがありがたがる秋の味覚の筆頭である。サザエさんと同じく雪室氏がメーンライターを務めた『クッキングパパ』のアニメでも、主人公の荒岩さんがマツタケのことで浮かれ、太いマツタケの上に大股開きでまたがるという絵面的にギリギリのイメージ映像が流されたことがある（註）くらいだ。

さて、サザエもその秋の味覚の王様を夢に見るほどに恋焦がれているのだが、悲しいまでに小市民の心根が災いし、夢の中でもマツタケをたらふく食べるとは行かず、家族7人で1本のマツタケを分け合うために、向こうが透けて見えるほどマツタケを薄く切る……という、なんとも悲しい夢を見ることに。

ほかにも、料理本のマツタケ料理のページを折り目がつくまで何度も見たり、八百屋の店先で国産マツタケを手にとってうんうん唸ったりして結局サンマを買ってくるという磯野家の悲しい懐事情が存分に伺える回となっている。

また、マツタケを夢に見たのはサザエだけではなく、波平もマツタケのすき焼きを食べる夢を見たのだが、その波平の夢も、子供と大人じゃ食べる速度が違う、とカツオたちに言われて、食べる際に利き腕を封じられた結果、ロクに食べることができなかった……というやはりなんとも悲しい夢。夢の中でも現実の範囲を越えられない、とため息をつく波平とサザエであった。

評価　★★★★★★☆☆☆

（註）アニメ『クッキングパパ』第124話、『ああ！憧れのマツタケ』

2014年

10月19日放映　No.7186

「カツオ居留守の天才」

脚本：雪室俊一　演出：森田浩光

【あらすじ】

口の上手さでセールス電話を
見事にかわすカツオ。居留守の天才を
自称するが、先生に居留守を
使ったことでとんでもない
事態となり……。

カツオとサザエの流れるような台詞のやり取り

　磯野カツオといえば異様な口のうまさと頭の回転の速さ、そしてそれらが学校の成績にまったく結びついていないことでおなじみの少年だが、まさに今回はその真髄を堪能できる。車のセールスをかわすために両親が新車でドライブに行ったと嘘をつくなど、その場の情況に応じて適切な会話パターンを即座に選び出せるのが末恐ろしい。

　しかし、自慢気に居留守の天才を自称するカツオだったが、ひょんなことから学校の先生からの電話に対しても居留守を使っていたことがバレてしまう。授業中に漫画を読んでいたことが波平に知られ、漫画禁止令を出されたカツオは「僕から漫画を取ったら何が残ると思うのさ！」と言って必死になって抗議する。それに対して即、次の台詞で返すサザエ。

「空っぽの頭が残るでしょ」

　毎度ながら、この姉弟の流れるような台詞のやり取りは秀逸の一言である。

評価　★★★★★★★★★☆

2014年

11月9日放映　No.7198

「主婦のお仕事」

脚本：岸間信明　演出：森田浩光

【あらすじ】

主婦は何かあるたびに
おしゃべりしてばかりだと思うカツオ。
しかしサザエは、それも主婦の
大事な仕事だと言い……。

サザエのモノマネのレパートリーは

インターネットやSNS、もちろんLINEなんてものも登場しないサザエさん世界においては、いまだに街角で世間話をする主婦の姿が数多く見られる。あさひが丘の異様なまでの噂の伝達速度は、こうした井戸端会議好きの主婦たちによって支えられているのかもしれない。

　長電話の常習犯、他人のことに興味津々なゴシップ大好き女のサザエは、もちろん井戸端会議が大好きで、家のことをほっぽり出しておしゃべりに夢中になってしまうこともしばしばだ。今回も、カツオがご近所の奥さんたちに向かってニワトリが卵を産むモノマネを披露（なぜそんなものを見せようと思ったのか……）していた際、サザエがそうじゃないと飛び出していって自分がさらに見事なニワトリのモノマネを披露するという場面が見られた。

　何にでも首を突っ込みたがり、自分が大人であることをよく忘れるオッチョコチョイのサザエらしいが、サザエのモノマネレパートリーはゴリラだけではなかったことがわかる、何気に重要な描写だ。ゴリラのモノマネが得意だというのは嘉門達夫の名曲『NIPPONのサザエさん』でも高らかに歌われていた事実。歌詞リニューアル版が作られるようなことがあった時は、ぜひ産卵するニワトリのモノマネについても触れてもらいたい。

評価　★★★★★★★★☆☆

2014年

11月16日放映　No.7203

「わが家のエキストラ」

脚本：雪室俊一　演出：村山修

【あらすじ】

学生時代、1本だけ映画のエキストラに出たことがあるというマスオ。しかし、なんという映画に出ていたのか答えようとせず……。

マスオが出演映画のタイトルを隠す理由

マスオが学生時代、１本だけ映画のエキストラに出たことがあるという設定が登場。小心者のマスオが、カメラの前で演技をするというのはどうにもイメージが湧かないが、バイオリンの音色を披露したがるなどあれで結構ナルシストな所もあるので、案外向いていたのかもしれない。

しかし、マスオは何という映画に出演したのかと訊かれても忘れてしまった、と言って答えようとしない。たった１本しかない自分の出演作の名前を忘れるだろうか、といぶかしむカツオは、わざわざマスオの実家に電話して、出演したという映画のタイトルを聞き出す。

それによると、マスオが出演した映画は『怪盗風神丸』というタイトルで、監督に気に入られて主役・風神丸を追いかける捕り方の一番前に配置されていたそうなのだ。しかし、なぜそれなのに自分が映画に出ていたことを執拗に隠そうとしていたのか。実は、撮影時に腕時計をしたまま参加してしまい、怒られて出番を全カットされたから、というのが理由だったのだ。隠すのも納得の情けなさである。

評価　★★★★★★☆☆☆☆

2014年

11月23日放映　No.7177

「わが家の記念日」

脚本：岸間信明　演出：佐藤豊

【あらすじ】

友人たちが記念日にごちそうを
食べたことが羨ましいカツオ。
あの手この手で、磯野家にも
記念日を作ろうと
主張するが……。

学校の友人たちが、家の新築記念日や、釣りで大物を釣り上げた記念日などの理由でごちそうを食べたという話を聞いたカツオは、磯野家にも記念日を設定しようと言い出すが、「カツオが100点取ってきたら何でもごちそうしてあげるわよ」、とサザエに見事やりこめられてしまう。しかし、何としてもごちそうにありつきたいのか、めげないカツオは夕飯時に「姉さんとマスオ義兄さんの記念日はないの？」と尋ねる。

フグ田夫妻には早くも倦怠期が!?

若夫婦の記念日といったら結婚記念日、あるいは初デートの記念日か、訊かれたマスオは「う〜ん、何かあったかなあ……」と本気で悩んでいた。けして照れ隠しで悩んでいたようにも見えなかったので、もしかしてマスオは本当にサザエとの結婚記念日を忘れていたのだろうか。もしかして、フグ田夫妻には早くも倦怠期が訪れているのでは……。

たしかに、あれだけ妻にゾッコンだということをアピールしている割に、マスオはかなり美人に弱い。ほぼ婿養子みたいな生活をしているマスオ、何かあったら肩身が狭いなんてものじゃないだろうし、3年目の浮気、5年目の破局……なんて事態にはなってほしくないものである。

評価　★★★★★★★☆☆☆

2014年

11月30日放映　No.7197

「みんなのお母さん」

脚本：城山昇　演出：岡田宇啓

【あらすじ】

フネがワカメやタラオと一緒に
遊園地へ出かけてしまったせいで、
波平は何もできない。
服すら選べず、しまいにはスーツで
散歩に行こうとして……。

自分で着る服すら選べない波平

磯野家の経済的な支柱が波平なら、精神的支柱は間違いなくフネだと言っていいだろう。事実、夫である波平も子供たち以上にフネにべったりと甘えている。なにせ、フネがいなければ自分で着る服すら選べないのだから。

今回、フネがワカメ、タラオを連れて遊園地へ行ってしまったせいで散歩に着ていく服を選んでもらうことができない波平は、なんと普段会社に行くときのスーツ姿、ネクタイまでしめた姿で散歩に行こうとする。そのくせサザエに服を選んでもらうと、これはもうずいぶん着ていない、これは組み合わせが悪い……など逐一文句をつける。だったら自分で選べ、と言われたら「わからんからこれ（スーツ）にしたんじゃないか」などと開き直るのだ。

しかも、このままじゃらちが明かないと、カツオがフネの行っている遊園地に電話して尋ねようとしたら「余計なことをするな」と怒り出してしまい、結局波平は、散歩へは行かん！　とへそを曲げてしまう。最終的には、波平のことが気になったフネたちは遊園地を早めに切り上げて帰ってきたのだが、照れくさいのか、嬉しいくせにわざとそっけない態度を取る波平。「素直じゃないんだから」と小学生の息子に苦笑されてしまうのであった。頑固にもほどがある。

評価　★★★☆☆☆☆☆☆☆

2014年

12月21日放映　No.7204

「父さん漬物名人」

脚本：雪室俊一　演出：長友孝和

【あらすじ】

漬物作りを趣味にしようと
思い立った波平。
漬物石や天然塩など、
高級品を揃え始めるが……。

波平が子供たちの教育に与える悪影響

磯野家の人間はとにかく気が多く、しかもひどく飽きっぽい。そのくせ妙なこだわりだけは強い……と、あまり身近にはいてほしくないタイプの人間である。

中でも、家長の波平は特にその傾向が強い。今回も、何があったのかいきなり漬物に凝り始め、漬物石、杉の木の樽、天然塩などの高級品を多数注文し、家族を困惑させている。「これからの男は漬物くらいできんとな」ということで漬物作りを趣味にしようとしたらしい波平、今回はいつもより熱が上がっているらしく、カツオを巻き込み、わざわざ電車に乗って有名な白菜の産地にまで出かける始末だ。

結局、波平は漬物作りを諦め、花沢さん家のお母さんに樽や塩を譲ることにしたのだが、ここで、下手なりに自分もやってみるという発想に至らないのが実に頑固で面子にこだわる波平らしい。２０１４年中の放映回においても、陶芸体験で茶碗を作ったが、焼き上がってみると茶碗に描いた絵がひどい仕上がりになってしまったのを隠そうとしたり（作品№７１７３「父さん手づくり茶碗」）、はたから見ればなんてことないようなことを必死で隠蔽しようとしているのだ。

冷静に考えれば、素人が最初から目標を高く持って完璧なものを作ろうとしたところで、うまくいくはずがないというのはわかりそうなものだ。どうも波平は、そのあたりのことがわかっていないのか。あるいは、自分の能力はもっと高いものだと思い込んでいるのか。家長がこんなことでは、子供たちの教育に悪影響を与えるのは確実だ。

評価　★★★★★★★☆☆☆

2014年

12月28日放映　No.7201

「子どものタタミ」

脚本：雪室俊一　演出：成川武千嘉

【あらすじ】

畳屋の予定が詰まっているせいで
表替えができない磯野家。
大学の畳研究会が安くやってくれる
ということで、お願いしたが……。

ハヤカワさんに付加された新設定

今回、紆余曲折ありながらも畳の表替えは無事成功したのだが、新しい畳を喜んだのは磯野家だけではない。カツオの同級生にして男をその気にさせる魔性の女、ハヤカワさんに畳の匂いが好きという新しい設定が今回付加されたのだ！

表替えが終わったらぜひ遊びに行きたいというハヤカワさんのお願いに、カツオは当然大喜び、是非もないと家に招く。新しくなった畳の上に寝転がり、畳の匂いと感触を思いっきり味わっているうちに、気持ちよくなって眠ってしまうハヤカワさん。それを見たカツオが「意外と子供なんだ」とポツリ。普段の小悪魔的言動からして、わざと弱みを見せることで相手を手玉に取ろうという作戦なのではないかとすら思えてくるほどだ。

振り返れば彼女は以前にもカツオに譲ってもらったカエルに有名な句から取って『一茶』と名付けてペットにするなど（作品№６６２７「ハヤカワさんのカエル」）、一般的な小学生女子からはちょっとズレた行動が多い。なぜか。前記したように、その理由については、雪室氏自身が『女性自身』２０１２年８月14日号（「さーて、最近のサザエさんは…何かヘン！」）のインタビューにおいて、次のように述べている。

「隠れファンが多かったことを知って彼女の出番を増やした」

つまり、雪室氏のサービス精神の結果、ハヤカワさんには新設定が加えられたというわけだ。事実、これ以降も彼女の言動、行動はさらなるパワーアップを見せ、視聴者の目を引きつけてやまない事態になっていく――。

評価　★★★★★★☆☆☆☆

chapter 3

国民的アニメに歴史あり！

サザエさん11大事件簿

本書が出版される頃には放送50周年を迎えることになる長寿アニメ作品『サザエさん』。50年も続いていれば、その道は平坦であるはずもなく、喜怒哀楽、様々な事件に彩られたものであったはずだ。

本項では、その長い歴史の中で起こった事件のなかから、いくつかを振り返ってみよう。

「放送九年目のへんな手紙」

サザエさん放送45周年を記念したバラエティ特番「サザエさんの秘密徹底解明ＳＰ」（２０１３年11月26日放送）の中で部分的に紹介された「放送九年目のへんな手紙」（No.１２３７／１９７７年10月2日放送）の内容がすごかったので、ここで紹介したい。

ある朝、磯野家に視聴者からの手紙が届く。読んでみると「最近タラちゃんがすっかり優等生のいい子になってしまって、昔のようなワンパクぶりが見られないのが残念です。もしかしたら、どこか体でも悪いのではないでしょうか」と続く。はてと、手紙の差出人をよく見ると「雪室俊一」の文字。

サザエ「タラちゃん、雪室俊一って人知ってる?」

タラオ「うん、知ってますよ（各話オープニングのスタッフクレジット部分の画像を手にして）ここに出ている人でしょ」

サザエ「あら、この番組書いてるシナリオライターじゃないの」

それが分かると「自分の責任を棚に上げて、よくもこんな手紙を書いたものね」「九年目になると、作家も横着になるのよね」と雪室氏に対して非難囂々の磯野家の面々。最後はタラオが雪室氏の似顔絵イラストに向かって「めっ！　です」と叱ると、似顔絵が「すいませーん」と謝るというオチで終了してしまう。

77年のアニメ『サザエさん』でこんなメタフィクションじみた内容が放送されていたという事実に、ただただ脱帽するしかない。雪室氏らしいとてつもないエピソードである。なお「徹底解明ＳＰ」でスタジオに登場した雪室氏も完全に忘れていたらしく、映像を見せられさすがにちょっと困った様子だった。

エイケン電話殺到事件

同じく「サザエさんの秘密徹底解明SP」の宣伝ミニ番組でエイケン毛内《もうない》社長（当時）が披露したエピソード。

「タマが消えた」（1985年8月24日放送）なる回で、作中に登場する「迷い猫」の張り紙に記載する連絡先として磯野家の電話番号を載せた際、その電話番号が当時のエイケンのものであったため、夜電話がひっきりなしに鳴りまくり警備員が大変だったという。

ダンガードA主題歌事件

その事件は1977年頃、いつも通りに放送されたアニメ『サザエさん』のオープニングで起きたとされている。なんと、アニメ『サザエさん』の映像に当時『サザエさん』の30分後に放送されていたアニメ『惑星ロボ　ダンガードA《エース》』（松本零士原作／東映動画制作／1977〜1978年放送）の主題歌「すきだッダンガードA」（ささきいさお／ヤング・フレッシュ）が誤って流れたことがあるというのだ。

インターネット上では何例か情報が見られる話で、検索をかけると「私も見た」という書き込みをいくつも見つけることもできる。真偽は不明だが、本当だとしたら日本中の家庭がさぞひっくりかえったことであろう。

そもそも当時のアニメ番組はテレビ局への納品の際、映像と音楽が別だったのかという疑問もあるし、今回の調査では当時の報道などを見つけることができなかった。現状あくまで都市伝説の域は出ないのではあるが、ともあれ、『サザエさん』の映像にあわせて流れるささきいさおの歌声は想像するだにシュールで、かつてのおおらかな時代を思わせるエピソードである。

有名脚本家クビ！事件

今ではNHK大河ドラマを複数回担当するほどの超大物になった脚本家・映画監督の三谷幸喜氏だが、まだ駆け出しだった頃に『サザエさん』の脚本を数本書いていたのは知る人ぞ知る話であろう。すべて1985年の放送で「ワカメの大変身」「波平つり指南」「妹思い、兄思い」と三本を順調に書き上げていくが、四作目の「タラちゃん成長期」の内容が問題視され降板、すなわちクビを言いつけられてしまう。

ここは三谷氏本人の回想があるので、それをきいてみよう。

「夢でタラちゃんが水泳の選手になってオリンピックに出て、筋肉ムキムキになるという話です。それがプロデューサーの怒りを買って、「こんなもの書いてくる作家はもういらない。作品に対する冒瀆だ！」と言われてクビになりました。僕も若かったので、どういうものを求められているのかわからずに、自分の好きなことを書いてしまった。若気のいたりですね」［『仕事、三谷幸喜の』（２００１／角川文庫）］

ちなみに「妹思い、兄思い」は、三谷氏が著名になった後、スペシャル放送の際に再放送がなされた（２００５年7月24日放送／２００５年 ＦＮＳ 25時間テレビ内）。「タラちゃん成長期」もいつか見てみたいものであるが……。

サザエボン裁判

「サザエさま」（１６０ページ参照）、「バス事件」（註）などにはじまり、とかく裁判や著作権問題の多さで知られる『サザエさん』であるが、比較的記憶に新しいものといえばやはり〈サザエボン〉であろう。

90年代中頃、福岡の大成という企業が、サザエと天才バカボン（のパパ）を組み合わせたような〈天才サザエボン〉、波平と鉄腕アトムを組み合わせたような〈波平アトム〉といったキャラクターを、著作者に無許可でつくり、キーホルダーなどの関連商品を販売した。当然ながら、長谷川町子美術館以下、それぞれの権利元は販売差し止めを求め提訴。

大成側は「パロディであり、原著作物とは微妙に変えてある、新しい著作物だ」と主張したが、東京地裁は1997年8月8日、原告側の訴えを認め、差し止めの仮処分を決定した。これらは一般紙社会面の記事にもなり、メディアでも話題となった。

今となっては、ある世代にのみピンポイントで懐かしいアイテムといった感のある〈サザエボン〉だが、当時は雑誌やテレビでも紹介され人気の高いアイテムであった。今回、別の記事を書くための調べ物をしていた際、小学生が描いたイラストを展示するとある公民館のイベントを紹介する新聞記事に〈人気の「たまごっち」や「サザエボン」〉なる表現を見つけた。〈サザエボン〉はただのパチモンにとどまらず、それこそ社会現象と化していた〈たまごっち〉に並……んでいたかは流石にあやしいが、当時の人たちに広く認知されていたことがわかる。となると、まあ、そりゃあいよいよ訴えられてもやむなしといったところだろう。

その後、事業の傾いた大成は2000年に倒産する。かくして、〈サザエボン〉の系譜は完全に消え去ってしまった……と思われたが、驚くべきことに今でもネットを検索すると〈サザエボン〉が販売されているのを見つけることができる。中古ではなく、おそらく新品と思われるものだ。〈パチモンのパチモン〉ということだろうか。なかなかに業が深い世界である。

これは余談になるが、〈サザエボン〉の発想自体は、ダウンタウンの松本人志がテレビでしゃべったネタであるとも、『ジャンプ放送局』に投稿されたネタであるともいわれているようだが、当時の『ＦＲＩＤＡＹ』（１９９７年3月28日号）によると、大阪で〈サザエボン〉によく似た落書きが子供たちの間で流行ったことがあり、大成のアドバイザーがそれをヒントにしたものなのだとか。

（註）あるバス会社がバスの車体にサザエさんのイラストを勝手に使用したことにより、長谷川町子側が提訴。日本におけるキャラクター著作権の元祖といえる裁判。

次回予告変更事件の真相！

『サザエさん』の次回予告で、サザエが視聴者との〈じゃんけん勝負〉をけしかけるコーナー（？）は、読者諸兄にも、思わず手を出してしまうという向きが多いことだろう。

しかし、このコーナー、90年代初頭までは違う内容で、サザエが頭上にほうり投げたクッキーを口で受けとめ「来週もまた見てくださいね」と言った後、咽に詰まらせ「んがっぐっぐ」という声をあげるものだったのだ。

1991年10月20日の放送より、現在のじゃんけんスタイルに変更されたとのことだが、特にネット上では実際にこれを真似した児童が死亡事故をおこしたのが原因という噂をよく見る。

調べてみると、実際に死者が出たという事実はなく、小児科の医師に危険性を指摘され自粛したというのが真相らしい。

中日新聞（1991年11月12日夕刊）が報じるところによると、危険性を指摘したのは東北大学付属病院耳鼻咽喉科と国立小児病院小児科の医師。いわく「投げ食いは何でもないようだが、子供がまねをして誤って気管に入れば呼吸困難となり、最悪の場合死亡することもある。極めて危険で、違う映像に変えてほしい」とのこと。この指摘を受けたエイケンが、長谷川町子側の了解を得た上での変更の措置となったのだそうだ。

やや過剰反応といった感もあり、先に上げた記事でも「そこまでしなくても……」といった意見も並べて紹介しているが、次項でとりあげる「事件」も示すように、〈じゃんけん〉の方がすっかり人気のコンテンツとして定着した今となっては、ある種怪我の功名といえるかもしれない。

プリキュアとじゃんけん勝負⁉

小さな女の子から大きなお兄さんにまで大人気のアニメ『プリキュア』シリーズの9作目、『スマイルプリキュア』（2012〜2013年放送）に登場する〈キュアピース〉というキャラクターには、変身する際に必ずカメラに向かって〈じゃんけん〉をするお約束のシーンがあった。

『プリキュア』といえば『仮面ライダー』などと同じ日曜日の朝に放送している作品。おや、そういえば、同じ曜日の夕方にやはり、じゃんけんをする大先輩がいたような……。そんな訳で、キュアピースとサザエ、二人の出すじゃんけんの手に勝手に勝敗をつけて楽しむ人々が、ネット上の一部にあらわれた。『プリキュア』が属する〈ニチアサ〉と俗に呼ばれる放送時間帯が、そもそもアニメ実況民にとって人気の放送枠であったこと、『スマイルプリキュア』がシリーズの中でも特にアニメオタク層の人気が高かったことなども相まって、ネット上のアニメ『サザエさん』関連のトピックの中でも特に盛り上がった流行のひとつとなった。あるＷＥＢページでは「日曜ジャンケン戦争」と仰々しく表記している。

一連の流れをまとめているＷＥＢページによると、『スマイルプリキュア』放送期間中の勝敗は、サザエから見て9勝10敗16引き分け。以後、更に飽きることなく劇場版のTV放送や、ローカル局などの再放送でも勝敗をつけている好事家もいるようだが、その結果は各自お調べいただきたい。

ちなみにこのサザエと、他の作品のじゃんけん描写をむりやりかけあわせる風潮はその後も静かに続いており、『ご注文はうさぎですか?』『ドラえもん』といったアニメ作品のキャラクターたちとサザエが勝手に対戦させられている。

CD発売中止!? 事件

これまでほとんど音盤化されることがなかった『サザエさん』のすべての主題歌、および主要な劇伴(映画やアニメで流れる伴奏音楽のこと)を集成した、ファン必聴の記念碑的名盤『サザエさん音楽大全』(UNIVERSAL MUSIC JAPAN)。

当初は2013年10月に発売されることが発表されたものの、「制作の都合上」で一度発売が中止となってしまっていた。その後改めて発売が再度告知され、同年12月に無事発売されたのだが、当初発表されていた収録予定曲目から、火曜日に再放送されていた枠で使用された水森亜土歌唱の二曲「愛しすぎてるサザエさん」「サザエさん出発進行」がオミットされたかたちであった。

　実は水森の楽曲には放送当時から問題が発生していたという。元フジテレビで、火曜日再放送の『まんが名作劇場　サザエさん』でプロデューサーを経験した大橋義輝による著作、『サザエさんのないしょ話』（２０１２／データハウス）によると、水森亜土が歌った当時の新曲（前掲二曲）に対し、長谷川町子の実姉が「サザエのイメージに合わない」と怒り、クレームをつけたというのだ。

「なぜ怒ったのか――。水森の声が〝サザエ〟のイメージに合わないというクレームであった。結局、悪いのは、制作会社のトップということになってしまったらしい。以来、社長は〝桜新町〟への出入りを禁止されてしまったという」（『サザエさんのないしょ話』）

　水森の楽曲に激怒したという実姉が死去している今、改めて気にすることもないと思うが、わざわざこの二曲のみが外されているということに、やはりこの辺の事情が絡んでいるのではと邪推してしまう。

　長年エイケンの制作担当、のちにプロデューサーなどを手がける鷺巣政安氏も著書『アニメ・プロデューサー鷺巣政安』（但馬オサムとの共著／２０１６／ぶんか社）にて同様のエピソードを語っている。

「再放送の条件として姉妹社が出してきたのが、オープニングとエンディングのテーマ曲を新しいものにしてくれということ。それで、宇野誠一郎さんに頼んで『ウンミィのうた』という曲ができあがった。海と運命をひっかけた、ちょっとナンセンスな感じの、なかなか面白い歌だったんですけど、評判はあまりよくなかったんです。それで、小林亜星さんに作ってもらって、水森亜土さんに歌わせた歌（『愛しすぎてるサザエさん』）があったんだけど、これに長谷川町子さんが激怒してね、こんなのは『サザエさん』じゃないって。結局、堀江美都子の歌う主題歌（『サザエさんのうた』作曲・渡辺宙明）に落ち着くんです」
（『アニメ・プロデューサー鷺巣政安』）

ちなみに「愛しすぎてるサザエさん」は当時の録画テープから起こしたと思われる一部の映像がYouTubeにアップロードされている（2019年7月現在）。確かにアニメ『サザエさん』の主題歌にしてはややアダルトでポップすぎる気もするが、そこまで過剰に怒るほどでも……とも思う。幻の名曲といえる二作品。いつか、日の目を見てほしいと切に願う。

セル画制作終了

２０１３年９月29日放送を最後にアニメ『サザエさん』のセル画による制作が終了した。アニメ制作といえば一枚一枚、透明なセル画に絵の具を塗っていくイメージがある方もいるかもしれないが、現在では線画までがアナログ作業。そこからデータ化して、色を塗ったり効果の処理をしたりは、パソコン上で行うのが通例。一からデジタルで描く例も増えてきているようだ。

早いところでは90年代中盤にはデジタル化されたアニメが制作されはじめ、２０００年代頭までには殆どのアニメがデジタル化されている。

そんな中、10年以上もの間、少なくとも毎週30分番組のＴＶアニメとしては、アニメ『サザエさん』が唯一のセル画アニメであり続けた（ＥテレやＣＳ局などで放送されるような、ミニアニメ、アートアニメにはまだ例があるかもしれない）のである。しかし、家庭用テレビの画質の向上とともに、セル画アニメだと汚れなどの粗が目立つようになり、時代の流れか、２００５年頃からオープニングなど一部の映像のデジタル化が開始、２０１３年10月からは本編含むすべてがデジタルで制作されることになった。

アナログとデジタル。アニメ『サザエさん』のようなシンプルな絵なら、そんなに変わらないだろうと思うかもしれないが、線や色合いの質感は実際に見比べてみるとかなり違う。当然のことデジタルの方が綺麗だが、アナログの暖かい味も捨て難い。どちらが良い悪いという話ではないが、そういった視点でアニメ『サザエさん』を見返すとまた面白い発見が得られるのではないかと思う。

サザエとじゃんけんができる！ データ放送開始

２０１８年10月7日放送分からアニメ『サザエさん』のデータ放送が開始された。地上デジタルのデータ放送といえば、放送中の番組の内容案内や予備情報が見られたり、クイズに答えて壁紙がもらえたりするアレである。さて、アニメ『サザエさん』のデータ放送の内容は一体どんなことができるのだろうか。

まず、放送中の各話のタイトルとあらすじ。そして、なんとその回で使用されている原作4コマを画面上で読むことができるという仕掛け。それぞれの話にいくつの原作が使用されているのかも一目瞭然で、マニアも納得の優れもの。各回1話目の使用原作にほぼ必ず「1本」と表示されるのは、実況を楽しむ〈実況勢〉には笑いどころだ。

そして、注目すべきはなんといっても、次回予告のサザエと実際にじゃんけんができるゲームコンテンツ。しかも、勝ち負けあいこの勝敗結果によってスタンプが進呈され、一ヶ月で貯めたスタンプが一定の個数を超えると、実際に使われていたセル画をはじめとしたグッズが抽選で当たるプレゼント企画に応募できるのだ。直近の「手」を確認することもでき、〈じゃんけんガチ勢〉は、より高いゲーム性を楽しむことができるだろう。〈実況〉も楽しいが、こちらも忘れることなく堪能されたし。アニメを見るのも忙しい時代になったものだ。

まさかの解禁！ 初期『サザエさん』をネット配信開始

これまでアニメ『サザエさん』は、再放送こそあれ、VHS、LD、DVD、BDなどのメディアでソフト販売されることは一切なかったことはご周知のとおりである。そんな作品の初期のレア映像たちが、ある日突然、ふたつのWEB配信サービスで一挙公開されたのだ。これを超える大事件があっただろうか。

35㎜ネガフィルムの状態で倉庫に眠っていたものをデジタル化。2018年12月26日からFOD（フジテレビオンデマンド）とAmazon Prime Videoのふたつの配信サービスで公開がスタート。2019年7月現在視聴することができるのは、1969年10月5日放送の記念すべき第一回から、1973年1月28日放送分まで。以降順次公開されていくとのことだ。フィルムの状態の問題なのか、一部見られない回もあるが、現状でもそれが気にならないほどの圧倒的物量だ。

これまでごく一部の映像でしか見ることのできなかったスラップスティックコメディである最初期アニメ『サザエさん』を、大山のぶ代演じるカツオを、近石真介が演じるマスオを心置きなく堪能することができる。次々飛び出す事実は驚きの連続。例えば本書の内容でいうと、初期作が見られるようになったことにより、いくつかの越部作曲の〈レアBGM〉が放送初期に頻用されていたことがわかったりもしたのだ。

初期作と並行して2005〜2008年までに地上波放送されたエピソードの中から各登場人物別の傑作選・全50話も公開されている。まだ余裕があるが、それぞれに配信期限があるようなので、是非今のうちに観ておきたい。

禁断のサザエさんパロディ
ア・ラ・カルト

本書の主題とはいくぶんずれるが、ここはちょっとしたバラエティコーナー。『サザエさん』のパロディ作品の中でも主にアニメ『サザエさん』を扱ったものを紹介しよう（一部原作パロディも含む）。

アニメ『サザエさん』は時に「国民的アニメ」と呼ばれることがある。それほどの知名度を誇るアニメであれば、読者（視聴者）が元ネタを知っていることを前提とした模倣表現である〈パロディ〉も数多く存在するのも、ごく自然なことといえるだろう。

とはいえ、サザエや波平の独特の髪型を真似るだとか、次回予告の形式を真似るといったような、ほんの数コマ、数秒だけの部分的なパロディ（註）まで細かく拾いだすと、その数は膨大な数にのぼり、途方にくれる作業になってしまう。ここでは主だった作品と、面白い珍品を厳選して並べてみた。

パロディ作品はその対象となる作品の一面を真似することで、元ネタとの落差、差異を楽しむことに大きな魅力がある。ここで紹介するようなパロディ作品を読むことは、世間の人々が抱く『サザエさん』に対するイメージ、その人気ぶり、魅力などを再認識する新たなキッカケになるかもしれない。広く愛されるが故に産み出されてしまう禁断のパロディの世界を少し覗いてみよう。

（註）こういった例はやはり漫画やアニメに多い。例えば『究極超人あ～る』や『かってに改蔵』といったパロディギャグの王道的作品。最近だとアニメ『妖怪ウォッチ』の39話（２０１４年10月10日放送）で、アニメ『サザエさん』のオープニングでの野菜から一家が登場する有名なカットのパロディが登場したのが記憶に新しいところだろうか。

小説　高橋源一郎
「愛と哀しみのサザエさん」

『ペンギン村に陽は落ちて』（１９８９／集英社）収録

息子が学校の宿題で書くことになった〈しょうせつ〉を、作家を生業とする父親がつきあうことになり……という趣向で『Dr.スランプ』『ガラスの仮面』『ドラえもん』など、まるまる一冊有名アニメのパロディが展開された短編集。

幸福な生活に飽きたサザエは家を出て、『アルバイト・ニュース』を頼り養老院の保母として働き始める。そこにはウルトラ一族や、超人、怪獣などが収容されていた。ウルトラの父や、ゾフィー、ゼットンに求愛されるサザエだったが……。

ほかの短編含め、既存のキャラクターたちを徹底的に破壊し、ふざけまくる中に生まれるシュールさこそが著者の目的であると思われる。ある程度元ネタの原型を留めた上で落差の面白さを作ろうとする他のパロディ作品とは一線を画した不思議な味わいをもった作品だ。

小説　綾辻行人
「伊園家の崩壊」

『どんどん橋、落ちた』（1999／講談社）収録

すべての収録作に「読者への挑戦状」「解決編」の用意された〈犯人当て〉ミステリー短編集の一編。

〝明るく平和な家族〟の見本である伊園《いぞの》家が、不幸の連鎖の果てに最終的には全員が死亡する……という事件の真相を追うという筋立て。アニメ『サザエさん』という誰にでもわかりやすい家族構成の題材を使用することで、一見複雑かつ不可解なミステリ世界を読者に理解しやすく組み立てている。

小説家の伊坂南哲《いさかなんてつ》が、作者である綾辻氏に事件の話を持ち込むという冒頭ではじまるが、「自分たちの住む町はここ最近まで真っ当に時間が流れていなかった」と語り、いわゆる〈サザエさん時空〉をネタにしているのが面白い。

小説　新堂冬樹

「団欒」「賢母」

『ホームドラマ』（2006／河出文庫）収録

※単行本『背広の下の衝動』（2004／河出書房新社）改題

幸せそうな家庭に潜む狂気をテーマにした短編集のうち、二篇がアニメ『サザエさん』のパロディでキャラクターの名前もそのままに使われる。

「団欒」はマスオがアニメそのままの明るい磯野家の面々に対して、鬱屈した感情を心の中で吐き出しながらも愛想笑いをして過ごす日々を描く。団欒というアニメ『サザエさん』の円満な家庭のイメージをそのままに描きながらも、マスオの心中での受け取り方だけをひっくりかえすことで歪んだ風景に作りかえる、変わった趣向の一本だ。

「賢母」は文庫化の際に追加された書き下ろしの新作。良妻賢母の鑑のようなフネもまた、夫である波平に不満を抱えながら、若い恋人との不倫に嵌っていく……というお話。

漫画 テディ片岡・木崎しょう平

『サザエさま』

おそらく世界初の『サザエさん』パロディ作品。

アグレマン社から発行されたタウン誌『東京25時』1970年12月号に掲載されたもの。テディ片岡（片岡義男）氏が原作を、フジオプロの木崎しょう平氏が作画を担当した。

その内容は「サザエさんが性交したり排泄したり、波平の禿頭に残された一本の毛をワカメがプチッとちぎったり、安保闘争のデモ隊に放水されてサザエさんは最後お陀仏にされてしまう……」［赤田祐一・ばるぼら『消されたマンガ』（2013／鉄人社、現・彩図社文庫）］という過激なものだったらしい。

完全なる悪ふざけの作品だったというが、案の定というべきか姉妹社から抗議を受け、謝罪と50万円の罰金を支払うことになってしまう。一連の顛末は前出『消されたマンガ』に詳しいので是非ご一読いただきたい。

漫画　山藤章二

『山藤章二のブラックアングル』

「山藤章二のブラック・アングル〈14〉」（1993／朝日新聞）収録

独特の似顔絵を駆使した風刺的な内容でおなじみ『週刊朝日』の40年以上にわたる名物イラスト連載。

1992年7月17日号では亡くなった長谷川町子氏への追悼として、「贋作サザエさんといじわるばあさん」なる四コマ作品を発表。当時芸能人の参加が話題となった某宗教団体の合同結婚式をネタに、サザエさんといじわるばあさんが登場する時事風刺の四コマ漫画を描き、その脇に山藤氏の分身ともいえるキャラクターにハンカチを振らせたイラストと、「サヨウナラ～長谷川町子さん!!」という文字を添えている。

『週刊朝日』連載の大先輩にもあたる長谷川町子に対する敬愛が伝わってくる作品だ。

『浦安鉄筋家族』

漫画　浜岡賢次

『浦安鉄筋家族11』（1996／秋田書店）収録

『週刊少年チャンピオン』で現在も連載中の長寿ギャグ漫画。実在人物やアニメのパロディが数多い作品であり、『サザエさん』のパロディキャラクターも存在する。

第158発目「東芝」にて登場した鳥野一家は、どこかで見たような三角屋根の家に住み、家族構成も磯野家と同じ……なのだが、決定的に違うところはサザエのポジションに当たる〈鳥野ねぎま〉の存在。「1年の3分の1を女囚刑務所で過ごす札付きの極悪主婦」という二つ名を持ち、理由なく家族に暴力を振るう猛獣に近い習性を持つ狂人として描かれており、過激なパロディだ。

ちなみに、ねぎまの外見はプロレスラーの長州力をモデルにしているようで、家族に暴力を振るう際も長州の得意技であるラリアットを多用しているのが本作らしいギャグ。

漫画　児嶋都
『若奥様悶絶地獄!!! 笹江さん』

『こども地獄』（1998／ぶんか社）収録

90年代ホラーブームの中にあって、楳図かずおフォロワー的な趣向など多様な作風で人気を集めた児嶋都氏によるホラーギャグ。

福田笹江《ふくださされ》は平凡な若奥様。福田家に嫁いできて3年が経つが、舅、姑、義理の弟妹と家族総出でつらく当たられたことですっかり心をすり減らしてしまい、ことあるごとに「死のうかしら……」と考え始めるような後ろ向きな人間となってしまうが……。

サザエさんのキャラクターのイメージそのままに、楳図かずおライクな絵柄で描かれている。不幸な境遇と救いを描くという意味では絵柄も相まってヘビーな内容だが、ギャグすれすれなセリフ回しや展開は不思議と軽快な読後感も含んでいる。

余談だが、綾辻行人氏は前出の「伊園家の崩壊」を書くきっかけを、児嶋氏の某漫画作品であると語っている（註）。それがおそらくこの『笹江さん』であると思われる。サザエにあたる人物の名前が双方「福田笹枝」なのもそのせいだ。なお、児嶋氏は「伊園家の崩壊」の雑誌収録時の挿絵を手掛けているが、単行本には収録されていない。

（註）https://twitter.com/ayatsujiyukito/status/830053258949382144

漫画　唐沢なをき

『ヌルゲリラ』

『ヌルゲリラ』（1998／アスキー）収録

漫画の文法を逆手に取ったメタフィクション的なギャグや、漫画・特撮のパロディを得意とするギャグ作家の『週刊ファミ通』に連載された四コマ作品。

いくつかの作品内シリーズがあり、その中の一つに『サザエさん』パロディがある。

……といっても終始やっていることは同じ。サザエさんのあの独特すぎる髪型の話題だけだ。

実はあの髪型はゲーム機のコントローラーになっている。あの髪には脂肪がつまったコブなので砂漠でもへばらない。あの髪型の正体はもみじまんじゅうだ……。このようなナンセンスなネタだけをしつこく重ねていく。作者ならではの脱力感溢れるパロディギャグだ。

ちなみに唐沢氏のパロディ路線の代表作の一つ『電脳なをさん』には、長谷川町子の作品『サザエさんうちあけ話』における文章を絵で表現するスタイルを模倣した作品内シリーズもある。

『サザ江さん』『地球防衛家のヒトビト』

漫画　しりあがり寿

『地球防衛家のヒトビト』は朝日新聞夕刊に連載中の四コマ作品。

『サザエさん』生誕70周年を記念して、２０１６年に板橋区立美術館ほかで開催された「よりぬき長谷川町子展」にあわせて、『サザエさん』と『地球防衛家のヒトビト』とがコラボレーションした描きおろし新作が発表された。しりあがり氏らしいゆるいナンセンスでまとめられた作品で、こちらは同展覧会の図録で読むことができる。

さてコラボ自体は『地球防衛家のヒトビト』が、かつての『サザエさん』と同じく『朝日新聞』に掲載されている縁によるものと思われるが、しりあがり氏は実はそれ以前にも過激な『サザエさん』パロディを描いている。

東京サザエさん学会編『磯野家の謎 おかわり』（1993／飛鳥新社）によると、多摩美術大学時代に漫研の会誌『タンマ』に発表したパロディ作品『サザ江さん』は、磯野家が家庭崩壊を起こし一家離散するというブラックな展開を描いた作品らしい。『磯野家の謎』はベストセラーになり、『サザ江さん』も結構有名なエピソードになっていると思われるが、「町子展」の企画担当者は、そのことを知った上でオファーしたのだろうか……。ちょっと邪推したくなるようなニヤリとしてしまう企画でもあるのだ。

TVアニメ
『スペース☆ダンディ』
原作 BONES／総監督 渡辺信一郎／監督 夏目慎悟
第25話「裁かれるのはダンディじゃんよ」（2014年9月21日初回放送）

宇宙人ハンター・スペース☆ダンディとその仲間たちの織り成すＳＦコメディオムニバスアニメ。

総監督の渡辺信一郎氏（『カウボーイビバップ』）をはじめ、豪華なスタッフが売り。各話ゲストキャラクターにも多く有名声優が起用されている。

問題の回は、主人公ダンディが殺人事件の容疑者として裁判にかけられるという筋立て。その裁判の参考人として登場した少年・5年2組のヒロシくん、そしてヒロシの親友・スキップジャックが、それぞれアニメ『サザエさん』の中島とカツオにそっくり。これだけでもなかなかのキレぶりだが、しかも、声もそれぞれ白川澄子さん（２０１５年に逝去）、冨永み〜なさんご本人を起用している。

白川澄子さんのアニメ出演は、深夜枠はいうに及ばず、平成に入ってからはアニメ『サザエさん』と『ドラえもん』のレギュラーしかない。公式サイト掲載のキャストインタビュー（註）でも「昭和のアニメをやってきたので、今日初めて平成アニメにデビューさせて頂きました（笑）今までやったことのない役だったので良い経験をさせて頂きました」と語っており。非常に貴重な一本になった。

（註）http://space-dandy.com/episode/25/

TVアニメ原作 BONES 會川昇／監督 水島精二

『コンクリート・レボルティオ 〜超人幻想〜』

第9話「果てしなき家族の果て」（2015年11月29日初回放送）

超常の力を持つ者たち……『超人』が存在する世界を舞台としたSFアニメーション作品。舞台は昭和の日本をモチーフとしており、実在の出来事をなぞったエピソードや、アニメ・特撮のヒーローをモチーフとしたキャラクターが多く描かれている。

第9話では、日本一有名な家族……すなわち、サザエさん一家をモデルにしたゲストキャラクターが登場する。

世田谷で古美術商を営む森野・畑山一家はどこにでもいる平凡な家庭のように見えるが、実は地球誕生と同時に生まれ、数十億年の時を生き続けてきた不滅の肉体を持つ一家だった。畑山早苗（サザエである）の夫、稔（マスオである）は戦中、米軍の捕虜となり不死の秘密を探るために生体実験の対象とされていたが、成果があがらず、遂に一家全員がその標的となり……。

森野・畑山一家の不滅の力は、成長することなく同じ年齢が延々と繰り返される〈サザエさん時空〉をネタにしたものだ。フィクションの様式、お約束として定着しているいわゆる〈サザエさん時空〉を、壮大なSFストーリーに昇華させており、一見の価値あり。

そして、最も特筆すべきは第9話の脚本を執筆したのが辻真先氏であるということ。辻氏といえば、先にも触れたようにアニメ『サザエさん』の第1話も手掛けたベテランである。この回を辻氏に依頼したアニメスタッフたちもすごいが、大ベテランになって尚も意欲的に若者向けの深夜アニメに参加する辻氏もまた驚異的な〈超人〉だ。

その他珍品　嘉門達夫

「NIPPONのサザエさん」

「替え歌メドレー」などで有名なコミック歌手・嘉門達夫の代表曲のひとつ。当初は「サザエさんグラフィティ」というタイトルだったが、1993年にシングル化される際「NIPPONのサザエさん」に改題。

サザエの特技からかつての隣人ハマさんの話題に至るまで、アニメ『サザエさん』の豆知識や設定をマシンガンのように矢継ぎ早に紹介するという歌。マスオと波平が朝はバスを使い、帰りは徒歩で帰るなど、鋭いツッコミがところどころに入る流れが鮮やか。ある意味、〈サザエさん実況文化〉の大先輩といえる存在かもしれない。

その他珍品

『マスオさん』

いわゆる美少女アダルトのノベルゲームである。2000年にくるみというメーカーから発売されたもの。

なにしろWindows 95/98対応という代物な上にそもそも実物が見つからないので、触れることができなかったが、当時の専門誌の雑誌記事を見ることができた。

主人公は柳川マスオという男。織野美穂という若い娘と見合いをし、とんとん拍子に結婚が決まってしまったが……という筋。実は偽善者でサディストだったマスオは、婿入り先で嫁の美穂以下、義母、義姉、義妹などと関係を結んでいく（波平にあたるだろう義父はすでに他界しているというのがアダルトゲームらしいご都合主義だ）。

さすがにマスオ以外の名前は魚介類とは違うものになっている。イラストも別にサザエの例の髪型だったりすることはなく、当時の流行りにのっとった美少女画なのだが、どうしても『サザエさん』を想起させてしまう人物配置だ。なんと猫の美少女化までいるというのがおかしい。パッケージの特典には「ます」がついてくるというジョークもつき、怪作の名にふさわしい一作。

ネットの話題回を総チェック！

実況レビュー

2015年

2015年

1月4日放映　No.7209

「公園の大人たち」

脚本：城山昇　演出：村山修

【あらすじ】
公園を大人たちに奪われたと
うつむく子供たち。
不審に思った波平が
向かってみるが……。

あさひが丘で
奇人変人は日常茶飯事

昨今、公園で遊ぶ子供が少なくなったとか、危険ということで遊具が撤去されただとかいう話をよく聞くが、サザエさん世界にはそんな気配は一切ない。公園にはいつでも子供たちの笑い声が絶えず、母親たちの社交場にもなっている。しかし、サザエさん世界は、現実の公園以上に変な大人が出没しているらしい。

今回も城山回の例に漏れず、あさひが丘の名もなき住民たちが異様なまでの存在感を放った脚本だ。公園で新聞を読む波平。そこに、股のぞき（註）の体勢で新聞を覗き見る男がいきなり登場する。どうやら将棋に目がない人らしく、波平の新聞の将棋欄を覗き込んでいただけ。天橋立でもないのに大の大人が股のぞき、しかも他人の新聞を覗き込むために……というかなり珍妙な状況だ。

普通だったら警察を呼ばれてもおかしくないが、波平はその男に付き合って、地面に盤を書いて将棋を指してあげていた。波平の危機意識が麻痺しているのか、それともあさひが丘ではこの程度の奇人変人は日常茶飯事なのか。城山氏が脚本を担当した回の傾向からすると、後者の可能性が高いように思える。

評価 ★★★★★★★☆☆☆

（註）腰をかがめて股の間から景色を覗くこと。日本三景の一つ天橋立を観るときの風習

2015年

1月11日放映　No.7217

「父さん階段クラブ」

脚本：雪室俊一　演出：岡田宇啓

【あらすじ】

近頃、健康のために階段を登るようにしている波平。それを聞いた花沢父は、『あさひが丘階段クラブ』を結成しようと言い出し……。

波平の“迷惑行為”

冒頭から、デパートでエレベーターガールをわざわざ呼び出して、階段を使うと宣言してから上る、という〝迷惑行為〟（原作ネタ。文庫版サザエさん32巻、17ページ）を披露。誰かに言わないことには決心が鈍るとのことだが、いきなり中年男の宣言を聞かされるエレベーターガールの気持ちにもなってもらいたいものだ。

波平が健康のために階段を使っていると聞いたのは花沢父。自分も花沢不動産が管理しているマンションの非常階

段を使って階段上りをしているらしく、波平を会長に据えて『あさひが丘階段クラブ』を結成しようと言い出す。完全に「父さんローカ防止」（↓89ページ）と同じ流れである。つまり、後日このふたりがどうなったかはわざわざ書く必要はないだろう。

評価 ★★★★★★★★★★

2015年

1月11日放映　No.7216

「タラちゃん国際化」

脚本：スギ タクミ　絵コンテ：高柳哲司

演出：茉田哲明

【あらすじ】

リカちゃんの影響で
英語に興味を持ったタラオ。
磯野家のみんなも「これからは
国際化の時代だ」と
言い出して……。

各キャラクターの行動に違和感なし

リカちゃんが幼稚園の英会話教室に夢中と聞いて、自分も英語に凝り始めたタラオ。将来は英語を覚えて、国際線のパイロットになりたいと言い始める。タラオの言葉に影響され、周りのみんなもこれからは国際化の時代だと言い出す。

『国際化』をキーワードにいろいろな話をパッチワークして作られた回だが、今回が初参加の脚本家（スギタクミ氏）にも関わらず、行動に違和感のある登場人物がひとりもいなかったのが素晴らしい。特に、これからのビジネスマンは世界情勢に明るくなければいかんと、アナゴさんとふたりで『新世界』という名前のスナックへ入ってビールやウィスキー等の洋酒を飲もうとするマスオという描写は秀逸だ。

また、登場した外国人たちが英語を話す様子が「ペラペ〜ラペラペ〜ラ」という台詞で描写されているのも素晴らしい。これが他のアニメだったら2015年にやるのはとても許されないような描写ながら、サザエさんの場合だったら許される、というか実に作品世界の空気とマッチしたものとなっている。

評価 ★★★★★★★★★☆

2015年

2月1日放映　No.7228

「ぼくは若さま」

脚本：雪室俊一　演出：岡田宇啓

【あらすじ】

突如現れた、中島のことを
「若」と呼ぶ謎の老人。
昔、若の家で執事を務めていた者だと
名乗るが……。

家レベルにまで話が大きくなった導入

カツオの親友・中島くんは、カツオとの対比のためか、中島くんが大人びたことをして女の子たちからもてはやされる、という脚本が書かれることがあるのだが（作品No.6668「青シャツ王子中島くん」、作品No.7143「カツオがタクシー」など）、今回に至っては、実は中島家は由緒正しい家だった!?　という導入から始まっている（後に老人の間違いだったと発覚するが）。個人の行動ではなくついに家レベルにまで話が大きくなっていた。

評価

★★★★★★★★★☆

2015年

2月22日放映　No.7237

「父さんはハワイアン」

脚本：雪室俊一　演出：村山修

【あらすじ】

会社の若い社員たちから、
ハワイアンバンドを結成するので
バンドマスターをやってもらいたいと
頼まれた波平。バンド名は
『磯野波平とアロハノメール』というらしく……。

『磯野波平とアロハノメール』というバンド名

居酒屋に呼ばれたかと思えば、いきなりハワイアンバンドのバンドマスターをやってくれないか、と会社の若い社員たちから頼まれる波平。突然すぎる話に驚き、自分にできるのは口笛くらいだと断ろうとするのだが、波平という名前がハワイアンバンドにぴったりだからぜひやってもらいたい、と要請される。

そのバンド名は、『磯野波平とアロハノメール』というらしく、まるで『中山美穂のトキメキハイスクール』や『婀添要一　朝までファミコン』のような、有名人の冠がついたファミコンゲームみたいなノリである。しかも『ノメール』は酒が飲める、から来ているとかで、磯野波平という名前が海を連想させるからというだけではなく、大酒飲みでしょっちゅうだらしなく酔っ払っているから、というのも含めてぴったりだと言われているのではなかろうか……。

評価

★★★★★★☆☆☆☆

2015年

3月1日放映　No.7244

「夢見るホリカワくん」

脚本：雪室俊一　演出：森田浩光

【あらすじ】
授業で将来の夢を作文に書くワカメたち。
そこでクラスメートのホリカワくんが
「教会の牧師になりたい。なぜなら、
綺麗なお嫁さんに毎日会えるから」と
言い始め……。

ホリカワくんの特異すぎる発想力

「ホリカワくんの弟」、「ホリカワくんの卵」に続き、またもやホリカワくんが大暴走を始め、インターネット上でも大いに話題となった回。今回も余すことなく彼の特異すぎる発想力が活かされている。

『将来の夢』という作文で、牧師さんになりたいと書いたホリカワ少年。もちろん、いきなり神の啓示を受けたからではなく、「綺麗なお嫁さんが毎日見られるから」という理由でだ。彼の普段の言動からしてまだ性に目覚めているとは思えないので、単純に着飾ったお嫁さんが綺麗だったからそう決意したのだろう。それはそれで、小学3年生男子の考えることとは思えないが。

普通の話作りなら、牧師さんの仕事を見学に行ったりして断念する、あるいは心打たれて真剣に将来の仕事として志す、みたいな展開になるのだろうが、ホリカワくんの場合そうはならない。牧師を即諦め、新郎になりたいと言い出したのだ。しかも相手は花沢さんがいいと言うのだからまた面白い。どうやら彼は姉御肌の女性が好みらしく、そのくせちょっと甘えん坊のところがあるワカメとも仲がいいというのもなかなかしたたかだ。

その後、未来の花嫁の実家の見学にでも来たのか花沢不動産を訪れたホリカワくんは、花沢父に不動産屋の仕事内容について質問したことで、「会社にも行かずビラを貼るだけで儲かるんだからすごい！」と不動産屋に憧れ始めてしまう。おいおい……。

さすがの花沢父子も、ホリカワくんのトンチンカン具合には手を焼いてしまい、それを聞いたカツオは「会社に行かなくても、ビラを貼らなくても儲かる仕事がある」と、お隣に住む恋愛小説家、伊佐坂先生の存在を彼に伝える。

飼い犬・ハチの散歩に行く伊佐坂先生を見て不動産屋よ

り楽しそうだと思うホリカワくんだったが、ホリカワくんを見つけたハチに盛大に吠えられたことで作家を諦めてしまうのだった。犬は苦手だし着物も好きじゃないから小説家になれない、という断念理由もまたすごい。まるで自由業者にケンカを売っているようだ。

評価 ★★★★★★★★★★

2015年

3月8日放映　No.7234

「父さんのドーナツ盤」

脚本：雪室俊一　演出：山口秀憲

【あらすじ】

往年の名曲『青春の赤い薔薇』のドーナツ盤を波平へのおみやげに持ってきたノリスケ。みんなで聴こうと、いろいろな人を呼ぶことになり……。

脚本家の考えを登場人物が代弁!?

過去にカツオに『テブラマン』（いつも土産すら持たず手ぶらで磯野家に現れることから）とまで言われたノリスケが珍しく磯野家におみやげを持って現れる、もうこれだけでちょっと面白いのは彼の普段からの行動の積み重ねのたまものである。

そのおみやげに持ってきたレコード『青春の赤い薔薇』は、波平やフネの世代には有名な曲で、特に花沢父にとっては青春のすべてとまで言える存在らしい。磯野家から聴きに来ないかと声をかけられたら大喜びし、ドーナツ盤のことを知らない娘に対して「近頃の子供はドーナツ盤も知らないのか……」と嘆く始末。もしかして、この嘆きは雪室氏の本音だろうか。

雪室氏のエッセイ『テクマクマヤコン　ぼくのアニメ青春録』などを読む限り、「雪室先生は若手に厳しい」、「最近の若者に苦言を呈している」ことがわかる。脚本家の考えを登場人物に代弁させたとしても、決して不思議ではないだろう。

評価　★★★★★★★★☆☆

2015年

3月22日放映　No.7250

「父さんだけの三連休」

脚本：雪室俊一　演出：石山貴明

【あらすじ】
波平が平日に休暇を取り、これでは遊びに行きづらいとカツオは気が気でない。一方、波平は三連休をエンジョイし……。

波平の良き父、良き祖父としての姿

親が休みで家にいる、というのは小さい子供にとっては嬉しいものだが、反抗期の子供にとってはわずらわしいものであるし、そうでなくても口うるさい親の場合、あまり歓迎されるものではない。年度末ということで、溜まっていた年休を消化して平日に三連休を取った波平に対し、これじゃあ学校から帰ってきてすぐ遊びに行けないと子供がぼやく。

その波平は、カツオの忘れ物を届けに行くついでに授業参観をしたり、タラオと一緒に日の高いうちから銭湯を楽しんだり、ワカメと一緒に映画を観に行ったり（もっとも、ワカメが好むような作品のため、すぐ寝てしまっていたが）と、休日を満喫する。昔気質の頑固親父なのに、連休を寝て過ごすだけではなく子供や孫と一緒に遊んだりしていて、波平の父親としての優しさがうかがえる。

連休最後の1日は、家族みんな予定があるということでひとりで家に残っていた波平は、同じく留守番をしていた裏のおじいさんと碁を打つことに。磯野家のにぎやかな声を聞いて自分たちの家も昔は磯野家のように賑やかだった、もっと子どもと遊んだり怒鳴ったりすればよかったと懐かしむ裏のおじいさん。私は怒鳴るばかりで……と恐縮する波平だったが、裏のおじいさんは「怒鳴るだけ（の父親）だったら子供たちは付いてきませんよ」と評するのであった。直前に波平の良き父、良き祖父としての姿が描かれているからこそ、この言葉も説得力のあるものとなっている。

評価 ★★★★★★★☆☆☆

2015年

3月29日放映　No.7249

「穴子さんの皆勤賞」

脚本：雪室俊一　演出：長友孝和

【あらすじ】

スナックに通い詰めたことでママから靴下をプレゼントされたアナゴさん。店の名前は入っていないと言われ安心して持ち帰るも、『精勤賞』というのし紙がついており……。

アナゴさんの金の出所は

マスオの同僚、アナゴさんは、あさひが丘の大人たちのご多分に漏れず、酒が大好きで美人に弱い男である。劇中でもよく居酒屋やキャバレーに行っている姿が見られるが、なんと今月は6回もスナックに通い、店のママから精勤賞の粗品までもらったとのこと。セット料金が1回5千円前後だとして、つまり月3万円も夜の街に金を落としている計算になる。

磯野家の暮らしぶりを見る限り、海山商事のサラリーマンはそこまで高給取りだとも思えないし、何よりアナゴさんはひどい恐妻家で、劇中で妻に恐怖するエピソードは数知れない。当然、自分が自由に使える金などあまりないはずなのに、いったいどうやってスナックに通う金を捻出していたのだろうか。へそくりか、それとも何か怪しい副業でもやっているのだろうか。謎。

評価 ★★★★★★☆☆☆☆

2015年

4月5日放映　No.7252

「磯野家カッパ伝説」

脚本：雪室俊一　演出：山口秀憲

【あらすじ】

タラオが三郎さんからもらったカッパの出てくる絵本はボロボロになるまで読み込まれていた。それを見たカツオは、三郎さんはカッパの存在を本気で信じているのではないかと思い……。

ワカメと視聴者の心は間違いなくひとつに

伊佐坂先生の奥さん、お軽さんは女学校時代、水泳が得意なことから『カッパ』と呼ばれていたという原作4コマがあり、アニメでも何度か言及されているため、今回もそれを元ネタとした話かと思ったら、まさかの三郎さん回という事実に驚く。

『河童はいる』とタラオが三郎さんからもらった絵本を磯野家の面々に見せるのだが、その絵本が何度も読み込まれたボロボロのものだったことから、もしかして三郎さんはカッパを信じているのかもしれないと疑い始めるカツオ。

　実際に問いただしてみたところ、もちろん信じている、と言い出す三郎さん。故郷の村の作造じいさんが子供の頃、村のカッパ沼でカッパを見たから自分も信じている、ということらしい。うさんくさいと一笑に付すカツオ、そこにホリカワくんが通りかかり、カッパは絶対にいると主張を始める。雪室氏の言葉を借りれば、彼は〝ちょっとピントがずれているけど純粋で真面目な少年〟なのだろう。

　しかし、ホリカワくんの珍妙な行動を何度も見続けてきた実況勢は、彼が出てきた瞬間、一様に「うわっ、出てきた！」みたいな反応（ツイッターの書き込み）をしており、また、彼の主張を聞くワカメも、「また始まったよ……」とでも言いたげな、げんなりした顔だったのが面白い。あの瞬間、ワカメの心と視聴者の心は間違いなくひとつになっていたはずだ。

評価　★★★★★★★★☆☆

2015年

5月3日放映　No.7269

「八番目のカツオ」

脚本：雪室俊一　演出：森田浩光

【あらすじ】

ワカメに「G．W．ってどういう意味？」と訊かれたカツオ。

からかって「トイレのことだ」と教えてしまい……。

ワカメの盛大な勘違い

　カツオの他愛無いいたずら心のせいでG．W．（ゴールデンウィーク）の意味をトイレのことだと思い込んでしまったワカメ。覚えた言葉を使ってみたい年頃なのか、隣席のホリカワくんに休み時間にどこへ行くのか訊かれ、「ちょっとG．W．」などと答えてしまう。その後、ホリカワくんにトイレはW．C．だと指摘され顔を真っ赤にするワカメであったが、これは単に盛大な勘違いをしていたということだけではなく、よりにもよって普段の奇行で自分のことを何度も呆れさせてきたホリカワくんにそのことを指摘されたというのも大きいのだろう。

原作では磯野家に君臨するワガママ王女（もっとも、原作では小学1年生とアニメより低年齢なのも大きいだろうが）で、優等生設定のアニメでも時々その片鱗が見られるワカメ、さっそく家族に泣きついて家族総出でカツオのことを糾弾させる。その結果、ゴールデンウィークにどこか出かける予定ができた際は、ひとりだけ留守番だと宣言されてしまうのであった。

直後、花沢父から知り合いがキャンセルした温泉旅行に代わりに行かないか、予約人数もちょうど7人だと棚ボタが転がり込んできた途端、代わりに九州の海平伯父さんが行くので、カツオは留守番だと言われてしまう。まさか本当に留守番とはならないだろうと高をくくるカツオは、花沢さんから、波平が「カツオは車酔いするから留守番だ」と花沢父に言っていたと聞かされる。それに対してカツオが「僕が車酔い!? いつもお酒に酔ってる人にそんなこと言われたくないよ」と憤慨していたが、まったくもってその通りだ。

評価 ★★★★★★☆☆☆☆

2015年
5月10日放映　No.7274
「いちばん怖い人」
脚本：雪室俊一　演出：村山修

【あらすじ】
お腹を壊しておじやばかり食べていた
ホリカワくん。
カツオたちに、怖いもの
『地震・雷・火事・おじや』の
意味がようやくわかったと
言い始め……。

ホリカワくんの ズレたピント

お腹を壊しておじやばかり食べさせられ、おじやが怖いと言われる理由がようやくわかった……と言い出すホリカワくん。導入部から彼は絶好調である。

もちろん、『地震・雷・火事・親父』を間違えて覚えていただけの話なのだが、それを受けて『うちは地震・雷・火事・姉貴だ』とカツオが言うのに対してホリカワくんは「からかわないでください、あんな優しいお姉さんを怖いだなんて」と言い放つ。視聴者やカツオが抱いているサザエに対してのイメージと、ホリカワくんにとってのサザエのイメージがズレている、という描写だ。

その後、彼のズレたピントはどんどんズレ続けていき、サザエが本当に怖い人間なのか確かめるために磯野家にこっそり侵入し、植え込みの陰からそっと磯野家の様子を観察し始めるのだ。子供のしたこととはいえ、現代の感覚で言えば完全に不法侵入であり、しかもワカメに「勝手に人の家を覗かないで！」と怒られれば「今度は見つからないようにするよ」と悪びれずに言い放つ。非常に口さがない表現ながら、この回をSNS等で実況していた視聴者が一斉に彼のことをサイコパスと評していたのも、若干むべなるかな……といった具合である。

そして最後のどんでん返しとして、彼が磯野家に不法侵入していた理由はサザエを見るためだけではなく『実は磯野家の床下でこっそりオタマジャクシを飼っていたから』という事実まで明らかになり、我々視聴者は頭を抱え、タイトルの『いちばん怖い人』というのが誰のことを指していたのか理解するのであった。

評価 ★★★★★★★★☆

2015年
5月10日放映　No.7277
「ママとラーメン息子」
脚本：雪室俊一　演出：森田浩光

【あらすじ】

波平の会社の吉村さんの息子、ツトムは大学にもロクに行かず東京中のラーメンを食べ歩いている。どうやら、将来はラーメン評論家になりたいらしく……。

大学に行きたくても行けない浪人生

中華料理屋で相席した青年がラーメンをスープ1滴すら残さず食べ切った姿を見て、よっぽどラーメンが好きなのだろうと感心する磯野家。波平はその青年が会社の同僚・吉村さんにそっくりであることに気付く。

尋ねてみたところ、やはりその青年・ツトムは吉村さんの息子だそうで、話によるとラーメン評論家を夢見ており、大学にも行かず東京中のラーメンを食べ歩いているとのこと。大学に行きたくても行けない浪人生が家の隣に住んでいる波平、大学に通える身分なのに通っていないという若者の話を聞いてはたして何を思っただろうか。
続けて、その話を聞いてフネが「そんな評論家がいるんですか？」などと言っていたが、そもそもあさひが丘には果実酒研究コンサルタント（朝日文庫42巻、141ページに登場。アニメでも作品№7198「主婦のお仕事」などに出演）を名乗るおばあさんや、波平だって原作では都下禿頭会の理事というわけのわからない肩書き（朝日文庫3巻、74ページ）を持っている。少なくとも、都下禿頭会理事に比べたらラーメン評論家のほうがよっぽど人様に知れた肩書きのような気がするのだが、いかがなものか。

評価 ★★★★★★★★☆☆

2015年

5月31日放映　No.7282

「ねむれないタマ」

脚本：雪室俊一　演出：長友孝和

【あらすじ】

新しい取引先との交渉を任されたマスオと、
新しいクラス委員の候補に選出された
カツオ。緊張しているふたりだけでなく、
なぜかタマまで睡眠不足のようで……。

死語を盛り込んでくるセンス

マスオとカツオが緊張しているという原作4コマネタ（朝日文庫33巻130ページ）を導入部に使った上で、そのふたりでなくタマをタイトルにもってくるのが面白い。「ねむれないタマ」というサブタイトルも、いったい何なんだ？　と視聴者の想像をかき立てるに充分であり、視聴者に注目してもらうためにサブタイトルは時間をかけて考える（註）という、雪室氏のこだわりがうかがえる。
しかも、そのタマに関する描写も、ガールフレンドのペルシャ猫と仲睦まじくしているのを見たカツオが、きっとデートの約束をしていたから眠れなかったのだろうと考えたり、その後またタマが眠そうにしている姿を見て、フラれたのかもしれないと勝手に想像するだけであって、全編通して話の主役というわけではないのだ。むしろ話の本筋は、緊張・興奮などが原因で眠れない、という経験をイクラすらしているのに自分だけしていないことを悔しがるタラオというものである。

ただこの回、1番強烈な印象を視聴者に与えたのはタラオでもタマでもない。雪室氏の手によって生み出された謎の人気アイドルグループ『ベッピンガールズ』だ。花沢さんたち女性陣が、ミラクルパークでライブをやるということでカツオや中島を誘っており、その話を聞いたワカメも、ベッピンガールズが来るという事実に喜んでおり、劇中では人気グループなのだろうが、ベッピンというういまどきの子供が耳にする機会は確実に少ないであろう単語を盛り込んでくるセンスが素晴らしい。ベッピンガールズ、まるで風俗店の店名である。

評価 ★★★★★★☆☆☆☆

（註）徳間書店『アニメージュ』2016年2月号「この人に話が聞きたい」雪室俊一インタビューより

2015年

7月5日放映　No.7305

「穴子さん最後の晩さん」

脚本：雪室俊一　演出：森田浩光

【あらすじ】

マスオに「奥さんが会社に来ている」と
言われたアナゴさんだったが、
かつがれているのだと思って相手にしない。
本当に来ていたことを知って
大慌てするが……。

あさひが丘の女たちの推理力

マスオに、受付に奥さんが来ていると言われたアナゴさんだったが、直前にマスオのしゃっくりを止めるべく嘘をついたため、その仕返しだろうと思い相手にしない。待ちぼうけを食らったアナゴ夫人は、夫が何か後ろ暗いことがあって裏口から逃げたものと思い込み、家を出ていってしまうのだ。なぜ部署にもう1度電話しないのかなどの疑問は残るが、そこはアナゴ夫人の性格、そしてアナゴさんの普段の行いが原因だろう。

　会社が終わると、妻がいなくなっていたらどうしよう、とおびえながら家に帰るアナゴさん（アナゴさんは奥さんが家出したのを知らない）、ここで当然のように一緒にマスオがついてきているのが両者の関係を物語る。アナゴ夫妻はマスオに全幅の信頼を寄せているため頼み込んでついてきてもらったのだろう、その様子が容易に想像できる。

　穴子家に着いてみれば、そこには豪華な晩餐が用意されていたが夫人の姿はなく、代わりに一通の書き置きが。前述の通り、後ろ暗いことがあると判断した夫人による三行半なのだが、最後の一行に「フグ田さんといっしょに召し上がってね」と書いてあり、夫がマスオを連れてくることを完璧に見越していたというのがまた面白い。あさひが丘の女たちの推理力は毎度ながら異常なレベルだ。

評価　★★★★★★★★★★

2015年

7月19日放映　No.7309

「マナ板の上の父さん」

脚本：雪室俊一　演出：長友孝和

【あらすじ】
まな板を造るために
イチョウの木の板を買った波平。
カオリちゃんやハヤカワさんにも
分けてあげるといい、
と大はしゃぎだが……。

8年越しのセルフパロディ!?

　今回のエピソードの構成は、全自動卵割り機でおなじみ「父さん発明の母」（作品№5875）と酷似している。妙なものを買ってくる波平、それをヨイショするマスオ、（視聴者から見た）正論で波平を怒らせるノリスケなど、よくある展開と言ってしまえばそれまでだが、非常によく似た様相を示しているのだ。雪室先生は視聴者の声やネットの評判を気にしている節がインタビューなどからうかがえるので（註）、全自動卵割り機がインターネットで話題になったことに対しての8年越しのセルフパロディだったのかもしれない。

（註）徳間書店『アニメージュ』2016年2月号「この人に話が聞きたい」雪室俊一インタビュー、光文社『女性自身』2012年8月14日号『「さ〜て、最近のサザエさんは…」何かヘン!?』等参照

評価 ★★★★★★★☆☆☆

2015年

8月2日放映　No.7313

「中島くんは時代劇」

脚本：雪室俊一　演出：森田浩光

【あらすじ】
実は隠れ時代劇ファンの中島くん。おじいちゃんと一緒に、京都の時代劇村へ行って写真を撮ってもらい……。

アニメではカツオの子供らしい面を強調

中島くんが時代劇を好きになったのは、おじいちゃんの膝の上で小さい頃から一緒に観ていた影響らしく、そのおじいちゃんと一緒に京都の時代劇村へ旅行に行くことになっていたのだが、後日、行きがけの新幹線の中で神戸に行くカオリちゃんとたまたま一緒になったと報告されたカツオは気が気でない。

この時のカツオのヘソの曲げ方が実に面白い。お兄ちゃんも時代劇村に行けばよかったのに、とワカメに煽られ、

「僕は人に言えないような場所には行きたくないね」、「中島はカオリちゃんに時代劇村に行くなんて言わなかったと思うよ」などと言って強がったくせに、直後に花沢さんにその件を報告して心配するなど、もはや妻の不倫を疑う夫のような行動パターンを見せている。

原作では話によって年齢不相応に大人びたシニカルさを見せたり、逆に子供っぽいと女の子から呆れられてしまうようなこともあるカツオだが、アニメではこうやって中島くんが女の子たちからちやほやされるたびにすぐヘソを曲げるなど子供らしい面が強調されているようだ。ただ、ここまで女の子のことばかり気にしているマセっぷりを見ると、子供らしいなどと言ってしまっていいのか疑問だが。

評価 ★★★★★★★★☆☆

2015年

8月9日放映 No.7317

「かわいいトーフ屋さん」

脚本：雪室俊一　演出：佐藤豊

【あらすじ】

イクラが最近お気に入りの豆腐屋さん。
それは売り子の女性がホルンを
吹いて宣伝する、なんとも
珍しいもので……。

座り込みを続ける
イクラの頑固さ

ラッパの代わりにホルンを吹いて宣伝する豆腐屋のお姉さんに夢中のイクラ。お姉さんのことが好きなのか、ホルンの音色が好きなのか。きっと両方なのだろう。マンションの前を通りかかるたびにイクラが呼び止めるため、波野家の冷蔵庫は豆腐だらけになってしまう。サザエがそれを引き取るということでカツオをお使いに行かせることに。

タイコおばさんはイクラちゃんに甘い、と愚痴りながら波野家に向かうカツオだったが、豆腐屋さんが美人なのを見てさっそくいい顔を始めてしまう。豆腐の味自体も絶品だったのをまるで自分の手柄のように得意気になったり、勝手に油揚げを20枚も注文したり。いくら美人だったからって会ったばかりの女性にまでいい顔を始めるのはさすがに小学5年生の行動としてはいささか不気味ではないだろうか（非常にカツオらしい行動でもあるのだが）。

もっとも、それ以上に気味悪かったのはイクラの頑固さだ。お姉さんが自転車を漕いでいるのを見かけるや家の玄関の前に座り込み、タイコさんが何度今日は来ないと言っても一向に動こうとせず座り込みを続ける頑固さは本当に怖い。前述のカツオの愚痴の通り、本当に波野夫妻はイクラにもう少し世の中は自分の思い通りに動くわけではないということを教えてあげるべきだろう。

評価 ★★★★☆☆☆☆☆☆

2015年

8月9日放映　No.7306

「わが家はカブト虫」

脚本：あみやまさはる　演出：山口秀憲

【あらすじ】

早起きしてカブト虫を捕まえてきたカツオ。自由研究に熱心に取り組んでいると喜ぶ磯野家の大人たちだったが……。

サザエの名前を大声で連呼

話のテーマは夏の風物詩、カブト虫。夏休みに珍しく早起きをしたカツオが、カブト虫を3匹も捕まえてきたのだ。どうやら自由研究の一環らしく、真剣な顔で何やら調べ物をしながら「海がいいかな？　花か？　それとも山かな？」と悩むカツオの姿を見て、磯野家の大人たちは「今年は宿題の手伝いをしなくて済みそうですね」とひと安心する。

もちろん、カツオがそんな優等生のような行動をとるはずもなく、カブト虫は虫相撲に使うために捕まえてきたもので、海か山かと真剣に考えていたのは四股名を考えていたのである。

　サザエの海と名付けられたメスのカブト虫は、自分より大柄なオスのカブト虫を見事なうっちゃりで打ち破るなどサザエの名に恥じぬパワフルさを見せつけ、カツオたちは大はしゃぎしていたが、次の台詞のように公園で弟とその友人たちに自分の名前を大声で連呼されるサザエはたまったものではない。

カツオ&中島&西原「サ・ザ・エ！　サ・ザ・エ！　サ・ザ・エ！　サ・ザ・エ！」

　明日も友達と虫相撲をやると言うカツオに辟易するサザエであった。

評価 ★★★★★★★★☆☆

2015年

9月6日放映　No.7327

「ぼくたちの名曲喫茶」

脚本：雪室俊一　演出：佐々木涼

【あらすじ】

御茶ノ水に出かけたら、学生時代によく行っていた名曲喫茶がそのまま残っていたと嬉しそうに語るマスオ。一方、カツオも中島が名曲喫茶へ行ったことを知り……。

ハヤカワさんは気になる女の子

学生時代（おそらく早稲田大学時代と思われる）に通っていた名曲喫茶がそのまま残っていた、と嬉しそうにカツオたちに話すマスオ。その話を聞いた翌日、中島くんが名曲喫茶に行ってきたという話を聞かされる。ちょっと変わったことをして女性陣からもてはやされる中島くん、という雪室脚本の黄金パターンだ。さらに、もはや花沢さんと並ぶダブルヒロインにまで昇格した感のあるハヤカワさんが人とはちょっと違うことを言い出すのもお馴染みの光景で、今回はクラシック音楽や名曲喫茶自体ではなく、喫茶店の外観に絡まるツタを見て、それが素晴らしいと言い始める。

さすがにここまで来るとちょっと違うどころか変な女の子、と言ってしまって差し支えない気もするが、それを聞いて磯野家にもツタをあしらえないかと家族に相談するくらいなので、カツオにとってハヤカワさんはそういった点も含めて気になる女の子なのだろう。もしかしたら、ミステリアスなところがいい、くらいに思っているのかもしれない。一方、カツオの主張を、きっとハヤカワさんの影響だろうとほぼ全員が見抜いていた磯野家。彼らの目から見て、ハヤカワさんはどんな少女に映っているのだろうか。

評価 ★★★★★★☆☆☆☆

2015年

9月20日放映　No.7336

「わが家のザイサン」

脚本：雪室俊一　演出：長友孝和

【あらすじ】

磯野家の財産がどれだけあるか気になるカツオ。ノリスケに尋ねたところ、磯野家には数千万円の借金があると言われ……。

未来の磯野家惣領としての自覚

子供なら誰でも一度は、自分の家にどれくらいの財産があるか気になって親に尋ねたりするだろう。頭が回り、多少こまっしゃくれたところのあるカツオならなおさらだ。自分の人生設計のためにも家の財産がいくらあるか把握しておくことは重要だ、ともっともらしいことを言った途端、波平やフネからはそれより成績を心配しろ、とけんもほろろな扱いを受けてしまう。

どうしても気になるカツオは、親戚であるノリスケなら知っているかもしれない、と尋ねたところ、そのノリスケから、実は磯野家には数千万円の借金があると聞かされる。当然これはノリスケがホラを吹いただけなのだが、それを真に受けたカツオは磯野家のために金策に走ろうとする。

　中学を出たら三河屋で雇ってもらえないか頼みに行ったり、花沢不動産でアルバイトをさせてくれないかとお願いしたり、中島くんに自分のサッカーボールやグローブを買い取ってもらえないか頼みに行ったりと、自分にできるすべての手段で少しでも磯野家の借金をどうにかしようと考えるカツオがいじらしい。すでにこの歳で、未来の磯野家惣領としての自覚を充分に持っているようだ。

評価　★★★★★★★★★☆

2015年

10月4日放映　No.7346

「タクアンのネックレス」

脚本：雪室俊一　演出：森田浩光

【あらすじ】

サザエたち主婦の技術を見て、自分も挑戦したいと言い出したワカメ。しかし、ワカメの切ったタクアンはうまく切れずつながったままで……。

ホリカワよ、なぜそこまで執着する

　ワカメの同級生、ホリカワくんの珍妙な行動が近年、視聴者の間で話題となっているのは前述の通りである。雪室氏の奇想天外なアイデアが生み出した彼の奇行は数多く、共通しているのは、一度執着したことを徹底的に突き詰めるという点だ。今回も、そんな彼の執着心が見事に発揮されたエピソードなのだが、執着が強すぎて恐怖すら感じる仕上がりとなっている。

　目分量で食材を綺麗に切り揃える主婦の技術に憧れたワ

カメ。次の日さっそく自分もチャレンジするも、ワカメの切ったタクアンはつながったまま。端っこをつまみ上げてもちぎれず塊のままなのだから、むしろ見事なものである。それを見たカツオが「ワカメはタクアンでネックレスを作ろうとしたんだよ」と、無様な姿のタクアンを宝飾品に例えるセンスを発揮している。

　そのワカメの切ったタクアンのネックレスをすごい技術だと思ったタラオが周囲に言いふらしたせいで、それを聞きつけたホリカワくんが、タクアンのネックレスとはなんぞやと異様に執着し始める……というのが今回の話の骨子なのだが、もはやあらすじを羅列しているだけでげんなりしてくるレベルである。

　気になって仕方ない、と言って磯野家を訪れて質問しにくるわ、夜（カツオやワカメが床についている時間帯なので、少なくとも午後9時は回っていると思われる）に電話をかけてくるなど、その執着は異様だ。おまけに次の日の朝磯野家に現れ、タクアンが気になって宿題が手につかなかったのでワカメに写させてもらいに来た、と悪びれもせず言い放つのだから恐ろしい。クラスの同級生からここまで執拗にからまれるなんて、普通だったら一生経験する機会などないだろう。

2015年

11月1日放映　No.7353

「花沢さんの王子さま」

脚本：雪室俊一　演出：森田浩光

評価
★★★★★☆☆☆☆☆

【あらすじ】

アスリートを目指す青年、白鳥（しらとり）にすっかり惚れ込んでしまった花沢さん。彼のためにプレゼントを用意するが……。

カツオの狡猾さと人の良さ

花沢父が大事な書類を忘れたまま車に乗り込んでしまい、必死で追いかける花沢さんだったが、車に追いつけるわけもなく距離はどんどん広がるばかり。そこにさっそうと現れたアスリートを目指す青年、白鳥《しらとり》が書類を受け取り、見事花沢父の乗った車に追いつく。並の人間とは違う彼の脚力に驚くと同時に、すっかり惚れ込んでしまった花沢さん。カオリちゃんやハヤカワさんと一緒に、彼のことを王子さまと呼んで盛り上がるのだった。

その話を聞いたカツオが、「忘れ物を届けただけで王子様なんて笑わせるよ」と、不機嫌な様子なのが面白い。普段は花沢さんのアプローチを迷惑がっていても、やはり自分が一番じゃなくなったのが悔しいようだ。

恋のライバル（？）に女性陣が何を贈るのか気になったカツオは、どうにかして情報を聞き出そうとするのだが、そのために笑顔で平然と嘘をついているのが末恐ろしい。「姉さんもあの人に世話になったので贈り物をしたいと思っているが、何を贈ればいいか悩んでいるようだ」などと、よくもまあ、すらすらと口からでまかせが出てくるものである。そんな狡猾さを見せる一方で、その後ばったり遭遇した白鳥青年に、今度ランニングコースとして花沢家の前を通ってやってほしいとお願いする人の良さを見せるなど、今回実に様々な顔を見せているのがうまいところだ。

評価 ★★★★★★★☆☆

2015年

11月8日放映　No.7357

「わが家の自販機」

脚本：雪室俊一　演出：長友孝和

【あらすじ】
家の前に自動販売機を
置いてみないかとセールスマンから
言われた磯野家。
カツオたちは乗り気のようだが、
はたしてどうなるやら……。

以前掘り下げたキャラクター同士の関係性

家の前に自動販売機を設置。サラリーマンのお小遣い稼ぎ、サイドビジネスとして実は結構メジャーなもののようだが、磯野家がそんなことをしている姿はあまり想像できない。事実、波平も話を聞かされた時は難色を示していた。

一方、カツオやワカメたちは、手軽にジュースが飲めるし、冬の寒い日はスープだって飲める、と自動販売機を設置するメリットを主張する。しかし、普通一番喜びそうなタラオは自販機の設置に反対する。なぜだと尋ねたところ、ジュースは三河屋さんで買うからだと言う。

タラオは三河屋やそこで働いているサブちゃんが大好きで、同じ雪室氏の脚本回である「シンセキの三郎さん」（作品No.7235）で、サブちゃんのことを「親戚じゃなくても親戚です」とまで言っている。その回を踏まえた上での描写と見て間違いないだろう。雪室氏の脚本は、1話完結というフォーマットのサザエさんでも、このように以前掘り下げたキャラクター同士の関係性を再度見せてくるのが面白いところだ。

評価 ★★★★★★☆☆☆☆

2015年

11月15日放映　No.7364

「女の子たちのミラー」

脚本：雪室俊一　演出：森田浩光

【あらすじ】

みんなが鏡代わりに使っている三浦さん家の車。しかし、今日はその車の姿が見当たらず……。

突っ込みどころが湧いてくる濃厚エピソード

今回、あさひが丘住民たちの異常なまでの執着心のターゲットにされてしまったのが、磯野家のご近所に住む三浦さん家の車である。

サザエやワカメ、花沢さん等の女性陣はこの車のミラーを鏡代わりにして身だしなみをチェックしているらしく、それどころか酒を飲んで帰っている最中のマスオも、自分の顔が赤くなっているかの確認に使っているのだ。毎日多くの人間に自分の車を覗き込まれる三浦さんとしてはたまったものではないだろうし、そもそも、子供ならともかく大人が他人の車をジロジロと覗き込むように見ていたら、車上荒らしの下見と勘違いされてもおかしくないだろうに……。

その三浦さんの家の車が見当たらないぞとみんなが大騒ぎを始めるのだが、そもそも車が数日見当たらないくらい何もおかしいことではないだろうし、何よりみんな、三浦さん家の車を鏡としてしか見ていないのだ。三浦さんの奥さんを商店街で見かけた、少し前まで秋田の実家に帰っていたらしい、とフネから話を聞いた際のワカメの第一声が「よかった。明日から身だしなみのチェックができるわ!」だったのがすべてを物語っている。

翌日、ワカメや花沢さんが喜び勇んで三浦さん家の前に向かったところ、三浦さんの奥さんから、行きはどうにか秋田までたどり着き、帰りは東京まで乗って帰る自信がなくて置いてきてしまったという話を聞かされ残念がるも、事情を知った三河屋さんが三郎さんを秋田まで出張させ、三浦さんの車を回収させたことで、女の子たちのミラーが無事あさひが丘に戻ってくる。大喜びで身だしなみのチェックを始める女性陣。それを笑顔で見つめる三浦さんの奥さん……というのが話の締めだ。突っ込みどころがいくらでも湧いてくるような回である。

ちなみにこの話、雪室氏が2~30年ほど前に箱根のホテルに泊まった際、修学旅行の女子生徒たちが大勢、雪室氏の当時の愛車のボルボをミラー代わりにして身だしなみを整えていた(註)という実体験が元ネタとのこと。そのおかげでこんな濃厚エピソードを観ることができたのだから、当時の修学旅行生たちに感謝したい。

評価 ★★★★★★★★★★

(註)徳間書店『アニメージュ』2016年2月号「この人に話が聞きたい」雪室俊一インタビュー

2015年

11月15日放映　No.7361

「漬け物奮闘記」

脚本：城山昇　演出：佐藤豊

【あらすじ】
白菜の漬物を作ることになったサザエ。磯野家の男たちが、みんなでそのことを周りに話してしまい……。

サザエさん時空のお約束

今回の話、波平の発言の多くが同じく漬物を話の題材とした『父さん漬物名人』（作品№７２０４、１３６ページ参照）の自分に対してのブーメランとなっているのが面白い。サザエが漬物を作るという話を聞いて言った言葉が「失敗を恐れるな」、「誰だって最初から上手いわけではない」……。まさに正論であるし、物事に取り組む時に一番大事なことなのだが、言った本人は何ひとつそれを守れていなかった。『父さん漬物名人』の脚本を担当したのは城山氏ご本人ではなく雪室氏のため、期せずして対比できる内容になっているのが愉快だ。

波平たちの応援を受け、張り切って漬物を作り始めるサザエの描写も『父さん漬物名人』の内容を憶えていると「ん？」となるものが散見される。『父さん漬物名人』での台詞によると、磯野家は漬物を漬ける際にポリバケツを使用していたのに対し、今回は木製の樽に漬物石を乗せる本格的なもので作っている。あの話で波平が頼んだ杉の木の樽は花沢さんのお母さんに引き取ってもらっていたはずだから、紆余曲折あって磯野家に返ってきたのか、もしかしたら新しいものを買ったのか……など、いろいろと想像が膨らむ。同じものを題材にしても、ここまで違うものが出来上がるのかとサザエさん二大脚本家の作風の違いが楽しめるエピソードだ。

余談ながら今回、漬物の話を聞いた三河屋の三郎さんが青森の実家を懐かしむ描写があったのだが、この回の直前に放映された今週１本目の作品が『女の子たちのミラー』（作品№７３６４、１９６ページ参照。三郎さんは三浦さんの車を回収しに秋田へ行くついでに青森の実家に顔を出している）だったため、「お前は少し前に実家に帰ってただろ！」という突っ込みがＳＮＳ等で見られた。別の脚本家が手がけた複数のエピソードを1度に放映し、さらに起きた出来事は他の話では基本リセットされるサザエさんならではの姿だ。ネットの視聴者たちも矛盾点を指摘して叩いているわけではなく、サザエさん時空のお約束を見つけては、こうして楽しんでいるのだ。

評価 ★★★★★★★★☆☆

2015年

11月29日放映　No.7371

「マスオほろにが弁当」

脚本：雪室俊一　演出：森田浩光

【あらすじ】

専務が手料理を振る舞ってくれることになったマスオとアナゴ。下手なことを言えば出世に響く、と戦々恐々のふたりだが……。

カレーに隠された専務の意図

ことはあらすじの通りだ。専務が手料理をごちそうしてくれるという話になり、自らの受け答えひとつで今後の出世コースに乗れるかどうかが変わってくるかもしれない……と戦々恐々するふたり。アナゴさんにいたっては、夫人から電話がかかってきて「ひとつ、どんなにまずくても笑顔を絶やさずに食べること……」などと心得を復唱させられる始末だ。

しかし、いざ食べてみれば専務が振る舞ってくれたカレーは絶品。明日もごちそうしてもらえるとのことで、これは会社に行くのが楽しみだ……と思いきや、出てきたのはまたカレー。スパイスの調合を変えたBパターンとのことだが、いくらうまくても連日カレーではたまったもんじゃない。しかも専務はEパターンまでカレーを用意しているらしく、このままでは5日間カレーばかり食べさせられるぞとげんなりするふたり。

だが、専務の本当の目的は別にあったのだ。味以外に何か気付いたことはないかと訊かれ、マスオが「もしやこのカレー皿は名のある方の作品ではないか」と尋ねたところ、専務は大喜び。その皿は専務が焼いたものだったのだ。

実はAパターン、Bパターンなどと言っていたカレーはすべて同じもので、自分が作ったものですらなく、知り合いのシェフに作ってもらったものを温め直しただけ。つまり専務は、カレーをごちそうするという建前で自分の焼いた皿の出来栄えを褒めてほしかったのだ。め、面倒くさすぎる……。

評価 ★★★★★★★★★

2015年
12月6日放映 No.7370

「花沢さんは男湯志願」

脚本：雪室俊一 演出：佐々木涼

【あらすじ】
花沢さんが大ファンの
プロ野球チーム・オレゴンズの鰐淵選手。
どうやら、彼の趣味は
銭湯巡りらしく……。

視聴者を食らいつかせるタイトル

タイトルのインパクトが絶大だ。あの花沢さんが男湯志願、いったい何が起きているのか、まさか男湯に入るつもりなのか……（余談だが、今回のタイトルコール時の1枚イラストはバスタオル姿の花沢さん、というあまり嬉しくないセクシーショットだ）。雪室氏の手掛けてきた数々のインパクトのあるタイトルの中でも極致と言える。

しかしもちろん花沢さんは脱がない。プロ野球チーム・オレゴンズの鰐淵選手の大ファンだという花沢さん。その鰐淵選手の趣味は銭湯巡りで、東京中の銭湯に入ることが夢だということで、あさひが丘の松竹湯にも来るかもしれないからカツオと中島に鰐淵選手のサインをもらってきてほしいと頼んだのだ。

鰐淵選手が来たら松竹湯のおかみさんから連絡を入れてもらうよう話はつけてあるとのことだが、それなら最初からおかみさんにサインをもらってくれるよう頼めばいいのではないだろうか、なぜわざわざカツオと中島に頼むのか……と、冷静に考えると突っ込みどころだらけなのだが。

評価 ★★★★★★★★★☆

2015年

12月13日放映　No.7378

「ノリスケ倹約術」

脚本：城山昇　演出：成川武千嘉

【あらすじ】

タイコから倹約を命じられてしまったノリスケ。あの手この手でお金を浮かそうとするが……。

身内にタカるノリスケ

金がないのにマスオと一緒に酒を飲みに行き、その席で倹約術があるとドヤ顔で語るノリスケ。ぜひ自分にもご教授願いたいとマスオが言うと、電話代をケチって家への連絡をマスオにやらせるわ、電話をかけたマスオが戻ってきたら寝たふりをして飲み代を2人分払わせるわとやりたい放題。

悪びれもせず笑顔で「これぞ倹約術です！」と宣言するノリスケもノリスケだが、やれやれ敵わないな……といった感じで、特に怒った様子も見せないマスオも大概である。外で酒を飲んできたあげくノリスケに夕カられたことをサザエに知られ、マスオも倹約を命じられてしまうのだ。

ノリスケの倹約術はその後も続き、「(倹約中なら）安いもので済ませられるし、逆におごってもらいやすいだろう」と考えたカツオとワカメに対して、お茶の試飲で済ませるというセコさを見せている。もはや『つるピカハゲ丸』のつるセコの世界だ。

対し、さすがに波平は一番付き合いが長いだけあり、飲みに誘われた際、健康診断で酒を控えるよう言われたと嘘をつき、見事ノリスケの夕カりを回避している。この時のノリスケは、わざわざ仕事帰りの波平を物陰で待ち構えており、あてが外れたと見るやものすごく残念な顔をしていた。ここまで来ると立派なものである。

評価 ★★★★★★★★★

2015年

12月13日放映　No.7365

「わが家の10大ニュース」

脚本：小林英造　演出：山口秀憲

【あらすじ】

今年ももうすぐ終わりということで、1年間の10大ニュースを決めようと言い出すカツオ。はたして今年の磯野家には、どんな事件が舞い込んでいたのか……。

年がら年中しょーもないことばかりしている磯野家の面々

酔っ払っておでん屋ののれんを首にかけたまま帰宅する、という波平の〝迷惑行為〟がきっかけで、カツオが磯野家の1年間の10大ニュースを作り始める、というのが今回の脚本なのだが、エピソードを羅列されたことで、磯野家の面々は年がら年中本当にしょーもないことばかりしているというのが非常によく伝わってくる。

▪マスオ……ハゲのカツラに鼻眼鏡といういかにもな宴会芸スタイルのまま駅のベンチで泥酔（＝つまりこの恰好の

まま電車に乗って帰ってきた）
▪カツオ……板壁の穴から指を出して遊んでいたら抜けなくなってしまい、友達に協力してもらって板壁ごと涙の帰宅
▪ワカメ……そうめんにピンクの彩色麺が入っていないと怒り出してサザエと大喧嘩
▪サザエ……ソースを買ってきてくれと頼んだカツオがなぜかケチャップを持ってきたのを見て、「この前特売で山ほど買ってきたじゃないの」と叱るも、そのケチャップは近所の奥さんがおすそ分けに持ってきたもので、相手を怒らせてしまう

——など、見ているこっちが頭を抱えたくなるようなものばかりだ。

評価 ★★★★★★★★☆☆

1960～70年代のレア作品！

テレビまんが版『サザエさん』を読む

『サザエさん』のまんが版を読んだことがあるだろうか？　といっても、ここでいうまんが版とはアニメ版の偉大なる原作にあたる長谷川町子による四コマ漫画（あるいは派生作としてのショート作品、絵本）のことではない。アニメ『サザエさん』のキャラクターが活躍する珍しい漫画・絵本だ。

タイトルはすべて『サザエさん』。ただし副題のような形で〈テレビまんが〉〈テレビ劇場〉などが添えられる場合もある。同作はアニメ『サザエさん』の放送開始とほぼ同タイミングにあたる１９６９年末頃、小学館の幼年、児童向け各雑誌でそれぞれ連載開始された。物語・作画はＴＣＪ動画センター（73年よりエイケンに改称）のアニメスタッフが手がけている。

では具体的にどんな雑誌に連載されたのか。先にざっと概要だけ並べると以下の通りになる。

ベビーブック　1970年4月号～1977年8月号
よいこ　1969年11月号～1973年4月号
めばえ　1969年11月号～1974年7月号
小学館の幼稚園　1969年11月号～1989年3月号
小学一年生　1969年12月号～1982年3月号
小学二年生　1969年12月号～1976年7月号
小学三年生　1971年4月号～1971年10月号

※雑誌により一部不定期掲載期間あり。

「ベビーブック」から「幼稚園」までの各誌は基本、知育的な内容の見開き完結の絵本だが、「小学一年生」以下の学年誌掲載のものは、3～20コマ程度に割られたコマの中に、セル画調の絵とセリフで構成された、ある程度複雑な内容もある漫画作品となっている。基本はカラーの見開き2ページの連載だが、連載後期には1ページのものや二色印刷、モノクロの回も存在する。

本項ではこのコマ漫画としての学年誌版をとりあげ、内容を紹介する。なおアニメや原作漫画との差別化のため、以下便宜的に「テレビまんが版」と統一して呼びたい。

成り立ちと制作の現場

まず気になるのは、テレビまんが版の制作現場だ。通常は原作漫画からアニメを作成するのに対し、こちらは逆にアニメから漫画を作成しているということはつまり、テレビで使用したセルを再構成したものなのだろうか。

エイケンの制作としてアニメ『サザエさん』に関わった鷺巣政安氏はインタビュー本『アニメプロデューサー鷺巣政安』（２０１６／ぶんか社）にてこう語っている。

「いや、全部新作です。辻真先さんのアイデアを僕が大まかな構成と絵コンテ考えて、城山（昇）さんがまとめて。初期のころは関修一さんなんかが原画を描いていました。これに関しては全部、エイケン。長谷川町子さんは一切描いていません」

学年誌版に記載されたすべてのクレジットは別表にまとめた（２１６ページ参照）。ここで語られている辻氏に関しては「小学館の幼稚園」版に原案としてクレジットが掲載されている時期が少しだけあったが、城山氏の名前は一度も掲載されていない。別名義か、制作にあたるＴＣＪ動画センター（エイケン）名義にまとめられているものと思われるが、大御所・辻氏、城山氏の知られざる仕事のひとつといえるかもしれない。

作画には国保誠氏、大隈敏弘氏、大隈夫美雄氏など近年のアニメ『サザエさん』のスタッフクレジットにも名前の見られたベテランアニメーターも参加していたのが伺える。後にエイケン代表取締役社長も務めた毛内節夫《もうないせつお》氏がアニメーター時代に作画した回もあるのもアニメ『サザエさん』の歴史を物語るようだ。

「『めばえ』『幼稚園』『小学一、二、三年生』……多いときは、五、六誌。それだけでも大変で。そんな思いをして描いてもね、掲載権利料は全部、姉妹社に行くんだから。われわれに来るのは、わずかな原稿料だけですよ」（前掲書）

そう言う鷺巣政安氏は1975年8月号から「構成」として長くテレビまんが版に参加したようだ。もっとも名前が出たのがそれ以降というだけで、制作自体には以前から関わっていたのかもしれない。

それぞれの作品を見ていくと、原作四コマ漫画をアニメ風に翻案してみたり（註）、過去に一度やったネタを再度リメイクしたり（読者は一年ごとに入れ替わるので誰も気づかないわけだ）と、なるほど日々ネタに苦しんでいただろう様子が伝わってくる。

（註）例えば窓からこいのぼりの大きな目玉が覗き込んできてびっくりするネタ（『小学一年生』1970年5月号）は朝日文庫版20巻10ページ。タイマー式カメラでの記念写真でマスオが落とし穴に落ちるネタ（『小学一年生』1977年7月号）は朝日文庫版27巻123ページなど

記念すべき一話目は？

最近ネット配信が開始された最初期のアニメ『サザエさん』にも見られるような、過激なドタバタ劇としてのアニメ『サザエさん』はここでも全開になっている。初期作品になればなるほどその色合いが濃くなってくるのもまた同じだ。では、テレビまんが版の第一話はそれぞれどんな話だったのか。

「小学一年生」版の記念すべき一話は一家で動物園に遊びに行く話だ。サザエがバスに乗り遅れて……というお約束を経て動物園に着くが、マスオはサルにパンをとられ、ダチョウに襲われる波平と続き、最後は一家でライオンに追いかけられるという絵に描いたようなスラップスティックコメディが繰り広げられる。なんで危険な猛獣を放し飼いにしてるんだ！　という疑問を入れる間もなく、逃げ登った木の上から落ちたサザエはライオンを押しつぶしてしまう。ライオンが伸びている隙に逃げた磯野家だったが「はあっ、はあっ、つかれた」「でもおもしろかったね」などとのんきに話を結ぶのだった……。ライオンから逃げる一家が原作や近年のアニメからは想像できないほど鬼気迫った表情なのが面白い。

同日に発売された「小学二年生」版の第一話目はやはり家族でお出かけをする話。磯野家が出かけるのを見計らって盗みに入ろうとする泥棒二人組は「鍵をしめ忘れた」「カメラを忘れた」となんども引き返してくる磯野家の面々に翻弄される。いざ家の中に入ってみてもコンロはつけっぱなしだわ、アイロンはかけっぱなしであわや火事目前。あわてて火を消し怒る泥棒たちの前に、何故か波平が現れる。泥棒は波平に無用心に対する説教をはじめるが、当然逆に波平から怒られるはめに。やがて波平は自身がサザエたちに忘れられていたことに気づいて、出かけ先でサザエたちを叱るというオチ。頬被りに横ストライプの服を着た泥棒といういかにもなキャラクターが味わい深い（ちなみに「小学三年生」版の最初の話は翌年春の掲載で、１９６９年度の二年生が進級した先の連載となるので厳密な第一話はない）。

余談だが、「小学二年生」１９７０年4月号掲載の「おやふこうのまき」も強烈だ。サザエが波平の頭に蝶がとまるかどうかで、カツオ・ワカメと果物を賭ける。すると「とまる」に賭けたサザエは、なんと波平の髪の毛にはちみつを塗りたくりはじめるのだ。衝撃の展開。見事波平の頭に蝶が止まるが、ついでに蜂までよってきて、波平は頭中針で刺され大変な目にあってしまう（その様子を家族でにこにこ見てるのも怖い……）。

お馴染みのキャラクターも登場？

お次は登場人物に関して。もちろん磯野家は全員登場するが、それ以外のキャラクターはどうだろう。

まず面白いのはタマとは別に飼い犬の「ぺす」が登場することだ（「小学一年生」１９７０年４月号）。長谷川町子の原作漫画にも犬を飼うシーンはあるが、タマの印象が強い分、意外なキャラクターだ。とはいってもテレビまんが版ではこの一回のみの登場。

おなじみの飼い猫タマもテレビまんが版にはよく登場するが、「小学一年生」１９７０年３月号で初登場した際は、まるで『トムとジェリー』のように二本足で腹を立てたり得意げになったりする、人間的な演技をするキャラクターだった。１９７３年以降の再登場時は近年のアニメ放送と同様普通の猫になっている。これも初期だからこそ見られた姿だ。

カツオの友人たち

カツオの友人たちなど、家の外の人々は序盤こそなかなか登場しないが、１９７６年以降あたりから次々姿を見せるようになる。

タケオ　「小学二年生」１９７６年５月号
※タラオの友だちのガキ大将風の子

中島　「小学一年生」１９７６年10月号
橋下　「小学一年生」１９７７年１月号
西原　「小学一年生」１９７７年２月号
かおり　「小学一年生」１９７７年７月号
カツオの担任の先生　「小学一年生」１９７８年１月号
早川　「小学一年生」１９７８年８月号
花沢　「小学一年生」１９８１年４月号

※ただし微妙に顔が違う！
単なる友人の一人ポジションで近年アニメのように強い絡みはない。


１９７６年から１９７８年頃にかけて一気に登場するのが興味深いところだ。

ネット配信が開始された最初期のアニメ『サザエさん』を見ると、中島やかおり、花沢花子らは１９７０年頃には登場していることがわかる。ただし現在と容姿が変わっていたり、性格も違う部分も多い。

テレビまんが版『サザエさん』に１９７６年以降登場してくる前記のキャラクターたちは、現在登場する容姿ほぼそのままの姿をしている。

最初期の同名キャラクターたちと、これら現在のキャラクターが地続きになっているのかはまだ不明だ。もしかしたらこの時期にこれらサブキャラクターたちの性格が徐々に確立されていったのかもしれない。今後進んで行く過去作の配信で、そうしたキャラクターの変化も仔細にわかるようになってくるだろう。

カツオのガールフレンド

一方でテレビまんが版には近年のアニメには見られない珍しいキャラクターも登場する。中でも面白いのがカツオのガールフレンドだ。

「小学二年生」１９７１年4月号掲載では、花沢花子を彷彿とさせる山田さんというやたらカツオに色香を使ってくる女の子が出てくる。小学生にしては妙にセクシーな雰囲気でカツオもデレデレだ。山田さんはカツオの持っているカメラで写真をとってと迫り、カツオもノリノリで応じるが、カメラにフィルムを入れていないことがバレると、怒ってカツオを尻に敷いてしまう強烈な女の子だ。アニメにも登場したことがあるのだろうか。

名前は出てこないが「小学二年生」１９７３年8月号にもカツオの別のガールフレンドが登場する。磯野家に遊びに来るのだが、カツオは女の子の前で波平に怪談をしてくれとせがむ。どうもカツオはワカメに頼んでお化けを演じさせ、怪談の怖いところで登場、そのタイミングでびっくりしたふりをして女の子に抱きつこうとしているらしい（なんという好色家)。しかしカツオが実行するや女の子は毅然と「弱虫は嫌いよ」と言い、カツオの頬をビンタしてしまう。

アニメのカツオが気の強い女の子に縁が深い?　のは今も昔も変わらないらしい。

世相・時代を反映した回

長谷川町子による『サザエさん』は新聞四コマという特性上、時代を色濃く反映した内容が多く、アニメは逆に時代性は極力廃し、なるべく身近な題材で作劇が展開される。テレビまんが版も小学生が読者ということもあり、より時事ネタなどの要素は薄く、日常を舞台にした笑いが提供されるが、1970年代という時代を感じさせる回はいくつかある。

カンカン・ランランも登場

まずはアニメの存在もよく知られる、大阪万博に行く回(「小学二年生」1970年7月号)。多くの記録映像やフィクションが伝える通り、当時の小学生に与えたインパクトは大変大きかったのだろうと思わせる。

続いて「小学二年生」1973年1月号、2月号と続くのはパンダのネタ。1月号では羽根突きのインクでパンダの模様を描くネタ、2月号は作中の新聞記事にパンダが登場する。これはいうまでもなく1972年10月に中国から贈られたパンダ。上野動物園のカンカン・ランランの爆発的人気が反映されたものだ。

また「小学一年生」1981年6月号掲載「タマがパンダにへんしんのまき」は当時来日したパンダのホァンホァンをネタにしているようだ。

ウルトラマンとコラボ

小学館の学年誌らしいネタという意味では特撮ドラマのウルトラ兄弟が登場する回が数話ある。同誌では常に最新のウルトラシリーズが特集され、時に漫画版も連載されていたので、今で言うコラボ回だろうか。

「小学三年生」1971年7月号掲載作品は七夕の短冊に「ウルトラマンになりたい」と書いたカツオが夢の中でウルトラマン（いわゆる「帰ってきたウルトラマン」）に変身するという話だ。

翌年「小学二年生」1972年7月号にはそのリメイク作が掲載された。カツオがやはり七夕の短冊に「ウルトラマンA《エース》になれるように」と書く。すると本当にウルトラマンA（顔だけカツオ）になってしまうが、超獣（ベロクロンに似たなにか）が現れビビってしまう。それが夢だったとわかると「エースになるのはむりだ」と短冊を慌ててはずしてしまうというオチ。夢オチとはいえ、『サザエさん』らしくないのがかなり楽しい回だ。

また、「小学一年生」1973年2月号では作中の張り紙にウルトラマンAとサンダーマスクの絵が描かれている。円谷作品が続く中、いきなり手塚治虫の漫画でも知られるサンダーマスクが出てくるのもなんだか面白い。


テレビまんが版『サザエさん』はその特殊な成り立ちから見ても、今後も単行本化されることなどはまずないだろう。色々紹介してみたものの、肝心の絵をお見せできないのが残念なところだが（いうまでもなく実物は要約よりももっと面白いのだ）、鑑賞方法がないわけではない。

ここで紹介した「小学一年生」「小学二年生」「小学三年生」各誌に関しては、国会図書館に蔵書されているものが全話分デジタルアーカイブ済みであり、館内でなら誰でも自由に閲覧することが可能だ（複写も比較的容易に入手できる）。実際に読んでみれば、魅力はここに書かれたものだけに留まらず、更に面白い発見ができるだろう。近郊の方は是非訪れてみてほしい。

テレビまんが版サザエさん(学年誌版)完全データ集

本項では、テレビまんが版サザエさん(学年誌版)の各回タイトル、原作、制作、構成、作画などのデータを網羅していきたい。ライトなサザエさんユーザにしてみたら、このようなニッチな情報を誰が必要とするのかとの向きもあろうが、前項を作成する上での覚書のようなものだと捉えていただければ幸いである。

読む上でのルール

※サブタイトルは基本的に存在しないが、ごく稀につけられている回がある。その場合は誌面の表記に習い「〇〇のまき」のように表記した。

※制作者クレジットの表記は回によって異同がある。企業・人名に関してはそれぞれ誌面の表記をそのまま記載している。

※制作クレジットにおいて誌面では「製作」と「制作」のユレが激しく存在していたが「制作」に統一している。

※すべての回に「©姉妹社」のクレジットが付されている。

「小学一年生」1969年12月号～1982年3月号

1969年

12月号　家族で動物園に行くが、放し飼いの動物たちに襲われて…（2P）
原作・長谷川町子、制作・TCJ動画センター、構成・小室常夫、作画・降幡八重子

1970年

1月号　お正月に着物を羽織るワカメ、あまりに気に入りすぎて…（2P）
原作・長谷川町子、制作・TCJ動画センター、構成・小室常夫、作画・降幡八重子

2月号　一家でスキーにでかけるが、熊に追いかけられるはめになり…（2P）
原作・長谷川町子、制作・TCJ動画センター、構成・小室常夫、作画・降幡八重子

3月号　タマにネズミをとらせようとするサザエだが…（2P）
原作・長谷川町子、制作・TCJ動画センター、構成・小室常夫、作画・降幡八重子

4月号　タラオはママと寝るというので、サザエは飼い犬のぺスをマスオに渡すが…（2P）
原作・長谷川町子、制作・TCJ動画センター、構成・小室常夫、作画・降幡八重子

5月号　サザエが室内で新聞を読んでいると、ワカメやカツオが覗き込んできて…（2P）
原作・長谷川町子、制作・TCJ動画センター、構成・小室常夫、作画・降幡八重子

6月号　潮干狩りに出かける一家。誰がたくさんとれるか競争していると…（2P）
原作・長谷川町子、制作・TCJ動画センター、構成・小室常夫、作画・降幡八重子

7月号　七夕の夜、波平を真似て願いごとを書く子どもたちだったが…（2P）
原作・長谷川町子、制作・TCJ動画センター、構成・小室常夫、作画・降幡八重子

8月号　縁日で金魚すくいで楽しむサザエたちだったが、タラオが金魚を呑んでしまい…（2P）
原作・長谷川町子、制作・TCJ動画センター、構成・小室常夫、作画・降幡八重子

9月号　野球で遊ぶサザエたち、打ったボールが近所の家の敷地に入ってしまい…（2P）
原作・長谷川町子、制作・TCJ動画センター、構成・小室常夫、絵・福田ジョージ

10月号　運動会。ワカメは徒競走で一等をとるが、カツオはとれず…（2P）
原作・長谷川町子、制作・TCJ動画センター、構成・小室常夫、作画・北原むつを

11月号　一家で楽器セッション。しかし、のけものにされたワカメとタラオは…（2P）
原作・長谷川町子、制作・TCJ動画センター、構成・小室常夫、作画・福田きよむ

12月号　クリスマス。波平がケーキを切るが数を間違えてしまい…（2P）
原作・長谷川町子、制作・TCJ動画センター、構成・小室常夫、作画・福田きよむ

1971年

1月号　ししまいが家にやってくるが、家族は興味を示さない。波平は考えて…（2P）
原作・長谷川町子、制作・TCJ動画センター、構成・河内功、え・福田きよむ

2月号　豆まきをする磯野家。鬼なんかいないよと話をするが玄関に鬼のような怖い影が…（2P）
原作・長谷川町子、制作・TCJ動画センター、構成・河内功、作画・降幡八重子

3月号　たのしいひな祭り。白酒を呑みすぎてふらふらのワカメは…（2P）
原作・長谷川町子、制作・TCJ動画センター、構成・河内功、作画・福田きよむ

4月号　一家でお花見へ、カツオは桜の花でフラダンスのような格好をして踊り、ワカメは…（2P）
原作・長谷川町子、制作・TCJ動画センター、構成・河内功、作画・降幡八重子

5月号　こいのぼりを見て、「あたしのがない」と寂しがるワカメにサザエは…（2P）
原作・長谷川町子、制作・TCJ動画センター、構成・河内功、作画・城戸二喜

6月号　おニューのレインコートが着たいワカメは雨の中、波平の出迎えをかってでるが…（2P）
原作・長谷川町子、制作・TCJ動画センター、構成・河内功、作画・降幡八重子

7月号　家族で潮干狩り。みんなで競争をするがワカメはとれず…（2P）
原作・長谷川町子、制作・TCJ動画センター、構成・河内功、作画・降幡八重子

8月号　海水浴へ。サザエとワカメがカツオにいたずらをしかけるが、カツオも負けず…（2P）
原作・長谷川町子、制作・TCJ動画センター、構成・河内功、作画・麻耶ひろ志

9月号　お化け屋敷に行く一家。カツオとワカメはヒッピーをお化けと勘違いしてびっくり（2P）
原作・長谷川町子、制作・TCJ動画センター、構成・河内功、作画・北原睦雄

10月号　運動会でワカメは走っている姿をカメラに写すようサザエにお願いするが…（2P）
原作・長谷川町子、制作・TCJ動画センター、構成・河内功、作画・麻耶ひろ志

11月号　栗拾いに出かける。カツオとワカメは栗の木に登って沢山落とそうとはりきるが…（2P）
原作・長谷川町子、制作・TCJ動画センター、構成・河内功、作画・北原むつを

12月号　小さなクリスマスツリーを友達に自慢しようとするワカメ、しかし友達のはずっと大きくて…（2P）
原作・長谷川町子、制作・TCJ動画センター、構成・河内功、作画・麻耶ひろ志

1972年

1月号　お正月。晴れ着を着たワカメはサザエの着付けを待つ間、カツオとバドミントンで遊び…（2P）
原作・長谷川町子、制作・TCJ動画センター、構成・河内功、作画・北原むつを

2月号　カツオが鬼役の豆まき、現れた鬼は本物みたいで驚くワカメとタラオだが…（2P）
原作・長谷川町子、制作・TCJ動画センター、構成・麻耶ひろ志、作画・北原むつを

3月号　ひな祭り。カツオの歌はとても音痴で、波平は誰に似たんだろうと悩むが…（2P）
原作・長谷川町子、制作・TCJ動画センター、構成・北原むつを、作画・中川ひろこ

4月号　友達に自慢されて、花見に行きたがるワカメだが、花より団子の様子で…（2P）
原作・長谷川町子、制作・TCJ動画センター、構成・小室常夫、作画・中川ひろ子

5月号　鯉をいじめると食べられるわよとサザエたしなめられたタラオは、池の鯉に謝ろうとして…（2P）
原作・長谷川町子、制作・TCJ動画センター、構成・北原睦雄、作画・中川ひろ子

6月号　雨の中、波平を迎えに行くワカメだが途中で雨が止んでしまう。波平はそれを見つけて…（2P）
原作・長谷川町子、制作・TCJ動画センター、構成・北原むつを、作画・中川ひろ子、背景・武井明

7月号　釣りに出かけた波平と子どもたち。カツオはたくさん釣るためにある秘策を思いつき…（2P）
原作・長谷川町子、制作・TCJ動画センター、構成・作画・麻耶ひろ志、背景・武井明

8月号　海水浴場でボール遊び。スイカ柄のボールがいつのまにか本物とすり替わって…（2P）
原作・長谷川町子、制作・TCJ動画センター、構成・作画・麻耶ひろ志、背景・武井明

9月号　一家で山登りへ。競争しようといいだしたカツオはちっとも急ごうとしない様子だが…（2P）
原作・長谷川町子、制作・TCJ動画センター、構成・北原むつお、作画・麻耶ひろし、美術・武井明

10月号　運動会でタラオはうっかり準備中のくす玉を割ってしまう、あわてて直すサザエだが…（2P）
原作・長谷川町子、制作・TCJ動画センター、構成・作画・麻耶ひろし、美術・武井明

11月号　きのこ畑を見つける一家。きのこを取ろうとするカツオにワカメはお化けが出ると脅すが…（2P）
原作・長谷川町子、制作・TCJ動画センター、構成・北原むつお、作画・中川ひろこ

12月号　煙突がないからサンタは来ないと力説するタラオに、ワカメとカツオは…（2P）
原作・長谷川町子、制作・TCJ動画センター、構成・まやひろし、作画・中川ひろこ、美術・武井明

1973年

1月号　お年玉を貰えるときいて想いを馳せる子どもたち、翌日タラオは居間に怪獣をみつけて…（2P）
原作・長谷川町子、制作・TCJ動画センター、構成・北原睦雄、作画・瀬尾たもつ、美術・武井明

2月号　節分の豆が買えなかったと聞き、鬼におへそをとられてしまうと慌てるタラオは…（2P）
原作・長谷川町子、制作・TCJ動画センター、構成・北原睦雄、作画・瀬尾たもつ、美術・武井明

3月号　ひな祭りに白酒を沢山飲む子どもたち。サザエとフネはジュースを飲ませていたつもりだったが…（2P）
原作・長谷川町子、制作・TCJ動画センター、構成・北原睦雄、作画・瀬尾保、美術・武井明

4月号　仮装大会でワカメとカツオは牛をすることに、そのできに驚くサザエたちだが…（2P）
原作・長谷川町子、制作・TCJ動画センター、構成・企画・北原むつを、美術・武井明

5月号　柏もちとケーキを盗んだカツオは鯉のぼりの鯉の中に隠れ…（2P）
原作・長谷川町子、制作・TCJ動画センター、構成・藤田勉、作画・瀬尾保、美術・遠藤守俊

6月号　毎日の雨に、かみなり様の水がなくなるのではと心配するワカメは…（2P）
原作・長谷川町子、制作・TCJ動画センター、構成・みなとだいすけ、作画・瀬尾保、美術・武井明

7月号　空はスモッグで天の川が見られそうにない、ワカメはあることをひらめいて…（2P）
原作・長谷川町子、制作・TCJ動画センター、構成・北原むつお、作画・瀬尾保、美術・武井明

8月号　デパートに浴衣を買いに行くワカメ、悩んだ末に選んだ浴衣を着るが…（2P）
原作・長谷川町子、制作・TCJ動画センター、構成・みなとだいすけ、作画・まやひろし、美術・武井明

9月号　海で泳いでいたカツオ、引網に絡まってしまい海坊主扱いされてしまうが…（2P）
原作・長谷川町子、制作・TCJ動画センター、構成・みなとだいすけ、作画・まやひろし

10月号　大事な菊の鉢植えを割ってしまったカツオは…（2P）
原作・長谷川町子、制作・エイケン、構成・みなとだいすけ、作画・まやひろし、美術・武井明

11月号　焚き火を頼まれたカツオ、ついでにテストの答案を燃やそうとして…（2P）
原作・長谷川町子、制作・エイケン、構成・北原むつお、作画・瀬尾保、美術・武井明

12月号　おもちゃ屋のサンドイッチマンにおもちゃをおねだりするタラオは…（2P）
原作・長谷川町子、制作・エイケン、構成・北原むつお、作画・瀬尾保、美術・武井明

1974年

1月号　凧揚げで遊ぶ子どもたち、波平が見本を見せようとするが…（2P）
原作・長谷川町子、制作・エイケン、構成・みなとだいすけ、作画・瀬尾保、美術・武井明

2月号　節分に食べられる豆が少ないことに不満な子どもたちは…（2P）
原作・長谷川町子、制作・エイケン、構成・みなとだいすけ、作画・瀬尾保、美術・武井明

3月号　白酒をたくさん飲みたいカツオは女の装いをして…（2P）
原作・長谷川町子、制作・エイケン、構成・みなとだいすけ、作画・瀬尾保、美術・武井明

4月号　家族でおでかけ、遅れて向かうサザエは仮装して驚かそうとするが…（2P）
原作・長谷川町子、制作・エイケン、構成・北原むつお、作画・まやひろし、美術・武井明

5月号　風がなく垂れた鯉のぼりを見て、タラオはなぜなのか悩む…（2P）
原作・長谷川町子、制作・エイケン、構成・北原むつお、作画・まやひろし、美術・武井明

6月号　梅雨の時期、てるてる坊主が上手く作れないタラオは…（2P）
原作・長谷川町子、制作・エイケン、構成・作画・北原むつお、美術・武井明

7月号　ハイキングでかくれんぼするサザエと子どもたち。タラオがなかなか見つからず…（2P）
原作・長谷川町子、制作・エイケン、構成・みなとだいすけ、作画・まやひろし、美術・武井明

8月号　海水浴。宝物探しのできないタラオは身体中を墨に塗られて…（2P）
原作・長谷川町子、制作・エイケン、構成・北原むつお、作画・まやひろし、美術・武井明

9月号　家族の帰りを待つカツオ、お化けに変装して驚かそうとするが…（2P）
原作・長谷川町子、制作・エイケン、構成・作画・北原むつお、美術・武井明

10月号　運動会のパン食い競争に出場する波平だったが…（1P）
原作・長谷川町子、制作・エイケン、構成・作画・北原むつお、美術・武井明

11月号　ワカメの七五三。マスオがワカメの写真を撮ろうとするが…（1P）
原作・長谷川町子、制作・エイケン、構成・作画・北原むつお、美術・武井明

12月号　サザエは福引きでたわしを当てるが…（1P）
原作・長谷川町子、制作・エイケン、構成・作画・北原むつお、背景・武井明

1975年

1月号　ワカメは棚の餅をこっそり食べようと焼きはじめるが…（1P）
原作・長谷川町子、制作・エイケン、案・みなとだいすけ、作画・北原むつお、背景・武井明

2月号　雪合戦の子どもたち。ワカメは大きな雪玉をつくろうとするが…（1P）
原作・長谷川町子、制作・エイケン、構成・作画・北原むつお、美術・武井明

3月号　ひな祭り。ちょっぴり様子のおかしいワカメは…（1P）
原作・長谷川町子、制作・エイケン、構成・作画・北原むつお、美術・武井明

4月号　タラオは変なお面をつけた女につれさられそうになるが…（1P）
原作・長谷川町子、制作・エイケン、構成・みなとだいすけ、作画・瀬尾保、美術・武井明

5月号　こどもの日の兜を欲しがるタラオにカツオは…（1P）
原作・長谷川町子、絵・制作・エイケン、作画・瀬尾保、美術・武井明

6月号　虫歯で苦しむワカメ、カツオも痛そうな様子だが…（1P）
原作・長谷川町子、絵・制作・エイケン、構図・小室常夫、作画・瀬尾保、美術・武井明

7月号　手品師の凄腕を真似ようとしたカツオだったが…（1P）
原作・長谷川町子、絵・制作・エイケン、構図・毛内節夫、作画・瀬尾保、美術・武井明

8月号　海水浴。砂に埋められたカツオはそのまま放置され…（1P）
原作・長谷川町子、絵・制作・エイケン、構図・さぎすまさやす、作画・瀬尾保、美術・武井明

9月号　縁日で金魚すくい。タラオは水槽に落ちてしまって…（1P）
原作・長谷川町子、絵・制作・エイケン、構図・さぎすまさやす、美術・武井明

10月号　運動会でワカメは走っている姿をカメラに写すようサザエにお願いするが…（1P）※「小学一年生」1971年10月号のリメイク
原作・長谷川町子、絵・制作・エイケン、構図・さぎすまさやす、作画・瀬尾保、美術・武井明

11月号　電車でお出かけ。カツオは慌てて乗車し人数分の席を確保に走るが…（1P）※「小学三年生」1971年10月号の部分リメイク
原作・長谷川町子、絵・制作・エイケン、構図・さぎすまさやす、作画・瀬尾保、美術・武井明

12月号　タラオが大きなクリスマスツリーを欲しがるので、カツオは…（1P）
原作・長谷川町子、絵・制作・エイケン、構図・さぎすまさやす、作画・瀬尾保、美術・武井明

1976年

1月号　サザエの顔の福笑いで遊ぶ子どもたちは…（1P）
原作・長谷川町子、絵・制作・エイケン、構図・さぎすまさやす、作画・瀬尾保、美術・武井明

2月号　大きなリボンをつけて上機嫌のワカメだが…（1P）
原作・長谷川町子、絵・制作・エイケン、構図・さぎすまさやす、作画・瀬尾保、美術・武井明

3月号　タンスの引き出しがないことに気づいたサザエは警察に通報するが…（1P）※「小学二年生」1973年3月号のリメイク
原作・長谷川町子、絵・制作・エイケン、構図・さぎすまさやす、作画・瀬尾保、美術・武井明

4月号　一家でお花見。子どもたちが桜の木を揺らすと花が雪のように降ってきて…（1P）
原作・長谷川町子、絵・制作・エイケン、構図・さぎすまさやす、作画・瀬尾保、美術・武井明

5月号　カツオはお使いで柏餅を5個買いに行くが…（1P）
原作・長谷川町子、絵・制作・エイケン、構図・さぎすまさやす、作画・瀬尾保、美術・武井明

6月号　てるてる坊主をつくるワカメとタラオ。ワカメの大きなてるてる坊主にタラオは…（1P）※「小学一年生」1974年6月号のリメイク
原作・長谷川町子、絵・制作・エイケン、構図・さぎすまさやす、作画・瀬尾保、美術・武井明

7月号　風邪をひいたワカメ、医者にかかり注射をしてもらうが…（1P）
原作・長谷川町子、絵・制作・エイケン、構図・さぎすまさやす、作画・瀬尾保、美術・武井明

8月号　サイクリングに行きたいカツオ、波平は許してくれず…（1P）※「小学二年生」1974年7月号のリメイク
原作・長谷川町子、絵・制作・エイケン、構図・さぎすまさやす、作画・瀬尾保、美術・武井明

9月号　キャンプをするサザエたち。カツオが落とし穴を掘っているのを見たサザエは…（1P）
原作・長谷川町子、絵・制作・エイケン、構図・さぎすまさやす、作画・瀬尾保、美術・武井明

10月号　野球をするカツオが打ったボールが近隣の家の窓を割ってしまって…（1P）
原作・長谷川町子、絵・制作・エイケン、構図・さぎすまさやす、作画・瀬尾保、美術・武井明

11月号　栗拾いに出かける。カツオとワカメは栗の木に登って沢山落とそうとはりきるが…（1P）※「小学一年生」1971年11月号のリメイク
原作・長谷川町子、絵・制作・エイケン、構図・さぎすまさやす、作画・毛内節夫、美術・武井明

12月号　大掃除。サザエはカツオの部屋の片付けを手伝おうとするが…（1P）※「小学二年生」1976年1月号のリメイク
原作・長谷川町子、絵・制作・エイケン、構図・さぎすまさやす、作画・瀬尾保、美術・武井明

1977年

1月号　友だちがカツオを野球に誘う、サザエは勉強しなさいというが…（1P）
原作・長谷川町子、絵・制作・エイケン、構図・さぎすまさやす、作画・瀬尾たもつ、美術・武井明

2月号　兄妹＋タラオ対カツオの友人たちで雪合戦。カツオは大きな雪玉をつくろうとするが…（1P）
原作・長谷川町子、絵・制作・エイケン、構図・さぎすまさやす、作画・瀬尾保、美術・武井明

3月号　ワカメはサザエのしまったケーキを早く食べたいと思って…（1P）
原作・長谷川町子、絵・制作・エイケン、構図・さぎすまさやす、作画・瀬尾たもつ、美術・武井明

4月号　波平がワカメにおやつを与える「おやつのまき」と「たいそうのまき」の二本立て（2P）
原作・長谷川町子、絵・制作・エイケン、構図・さぎすまさやす、作画・瀬尾たもつ、背景・武井明

5月号　「ちょうちょのまき」と「つくしとりのまき」の二本立て（2P）
原作・長谷川町子、絵・制作・エイケン、構図・さぎすまさやす、作画・瀬尾たもつ、背景・武井明

6月号　「いたずらのまき」カツオはベッドで眠るサザエにいたずらをしかけて…（1P）
原作・長谷川町子、絵・制作・エイケン、構図・さぎすまさやす、作画・志村福治、背景・武井明

7月号　マスオが子どもたちとの集合写真を撮ろうとして…（1P）
原作・長谷川町子、絵・制作・エイケン、構図・さぎすまさやす、作画・志村福治、背景・武井明

8月号　プールで遊ぶサザエたち、飛び込み台に走るが…（1P）
原作・長谷川町子、絵・制作・エイケン、構図・さぎすまさやす、作画・志村福治、背景・武井明

9月号　作りかけの巻き寿司をつまみ食いする子どもたち、サザエはカツオを叱りつけるが…（1P）
原作・長谷川町子、絵・制作・エイケン、構図・さぎすまさやす、作画・志村福治、背景・武井明

10月号　波平とフネが新幹線で旅行に行くのを見送る一家だったが…（1P）
原作・長谷川町子、絵・制作・エイケン、構図・さぎすまさやす、作画・志村福治、背景・武井明

11月号　タマが寄ってきたので、抱き上げてあげるサザエだったが…（1P）
原作・長谷川町子、絵・制作・エイケン、構図・さぎすまさやす、作画・志村福治、背景・武井明

12月号　クリスマス、サザエはカツオに帽子をプレゼントするが…（1P）
原作・長谷川町子、絵・制作・エイケン、構図・さぎすまさやす、作画・志村福治、背景・武井明

1978年

1月号　初詣で学校の先生に会うカツオだが…（1P）
原作・長谷川町子、絵・制作・エイケン、構図・さぎすまさやす、作画・毛内節夫、美術・武井明

2月号　可愛い女の子を見かけたカツオ。その娘が落とした紙を拾ってあげるが…（1P）
原作・長谷川町子、絵・制作・エイケン、構図・さぎすまさやす、作画・毛内節夫、美術・武井明

3月号　家族でお出かけ。しっかり戸締りをするサザエだったが…（1P）
原作・長谷川町子、絵・制作・エイケン、構図・さぎすまさやす、作画・毛内節夫、美術・武井明

4月号　花見で記念写真を撮る一家だったがカエルが現れて…（1P）
原作・長谷川町子、絵・制作・エイケン、構図・さぎすまさやす、作画・毛内節夫、美術・武井明

5月号　雨が降ってきた。庭に折り紙のかぶとが置いてあることに気づいたサザエだが…（1P）
原作・長谷川町子、絵・制作・エイケン、構図・鷺巣政安、作画・毛内節夫、美術・武井明

6月号　学校に遅刻しそうなワカメ、カバンの中のものを道にばらまいてしまうが…（1P）
原作・長谷川町子、絵・制作・エイケン、構図・鷺巣政安、作画・毛内節夫、美術・武井明

7月号　作りかけの巻き寿司をつまみ食いする子どもたち、サザエはカツオを叱りつけるが…（1P）※「小学一年生」1977年9月号のリメイク
原作・長谷川町子、絵・制作・エイケン、構図・鷺巣政安、作画・金子勲、美術・武井明

8月号　テストで5点をとり先生から窘められるカツオだが…（1P）
原作・長谷川町子、絵・制作・エイケン、構図・鷺巣政安、作画・毛内節夫、美術・武井明

9月号　子どもたちは遊びに行こうとするが、カツオだけサザエの手伝いをすることになって…（1P）
原作・長谷川町子、絵・制作・エイケン、構図・鷺巣政安、作画・毛内節夫、美術・武井明

10月号　明日は運動会。栄養をつけるとたくさん食べるカツオだが…（1P）
原作・長谷川町子、絵・制作・エイケン、構図・鷺巣政安、作画・毛内節夫、美術・武井明

11月号「七・五・三のまき」振袖姿のワカメ。近所を通るキレイなお嫁さんを見て落ち込んでしまうが…（1P）
原作・長谷川町子、絵・制作・エイケン、構図・鷺巣政安、作画・志村福治、美術・武井明

12月号「クリスマスプレゼントのまき」ローラースケートをプレゼントされたカツオは…（1P）
原作・長谷川町子、絵・制作・エイケン、構図・鷺巣政安、作画・金子勲、美術・武井明

1979年

1月号「やきいものまき」カツオが芋を欲しがるので渡したサザエは…（1P）
原作・長谷川町子、絵・制作・エイケン、構図・鷺巣政安、作画・毛内節夫、美術・武井明

2月号「サザエさん一かのお正月のまき」一家の家族の楽しみを描くがサザエは…（1P）
原作・長谷川町子、絵・制作・エイケン、構図・鷺巣政安、作画・大隅夫美雄、美術・武井明

3月号　一家で読者の一年生に最後のご挨拶をするが…（1P）
原作・長谷川町子、絵・制作・エイケン、構図・鷺巣政安、作画・毛内節夫、美術・武井明

4月号「ランドセルのまき」新入生を見てランドセルを欲しがるタラオだが…（1P）
原作・長谷川町子、絵・制作・エイケン、構図・鷺巣政安、作画・福田浄二、美術・武井明

5月号「ホームランのまき」カツオは草野球でホームランを打ったが、裏の家の窓を割ってしまい…（1P）
原作・長谷川町子、絵・制作・エイケン、構図・鷺巣政安、作画・大隅夫美雄、美術・武井明

6月号「あめのおたんじょう日のまき」雨の朝、サザエがカツオにもたせた傘には…（1P）
原作・長谷川町子、絵・制作・エイケン、構図・鷺巣政安、作画・福田浄二、美術・武井明

7月号「ピクニックのまき」ピクニックに出かけた一家は山で熊に遭遇して…（1P）
原作・長谷川町子、絵・制作・エイケン、構図・鷺巣政安、作画・毛内節夫、美術・武井明

8月号　カツオたちが遊んでいたボールが川に落ちてしまい、とってやろうとしたサザエは…（1P）
原作・長谷川町子、絵・制作・エイケン、構図・鷺巣政安、作画・大隅夫美雄、美術・武井明

9月号「ありのぎょうれつのまき」アリの行列を見つけたタラオ、その先にはサザエがいて…（1P）
原作・長谷川町子、制作・エイケン、構図・鷺巣政安、作画・毛内節夫、美術・武井明

10月号　「カツオのかんちがいのまき」服を脱ぐワカメにカツオは風呂に入るのかと勘違いして…（1P）※「小学一年生」1977年4月号「たいそうのまき」のリメイク
原作・長谷川町子、制作・エイケン、構図・鷺巣政安、作画・毛内節夫、美術・大隅敏弘

11月号　七五三の飴を均等に分けようとするカツオだったが…（1P）
原作・長谷川町子、制作・エイケン、構図・鷺巣政安、作画・毛内節夫、美術・大隅敏弘

12月号　「クリスマスプレゼントのまき」マスオはサンタクロースになって屋根から家に入ろうとするが…（1P）
原作・長谷川町子、制作・エイケン、構図・鷺巣政安、作画・毛内節夫、美術・大隅敏弘

1980年

1月号　「大そうじのまき」大掃除をするサザエは暴れる子どもたちをたしなめるが…（1P）
原作・長谷川町子、制作・エイケン、構図・鷺巣政安、作画・毛内節夫、美術・大隅敏弘

2月号　カツオはみかんの中身を抜くいたずらを思いついて…（1P）
原作・長谷川町子、制作・エイケン、構図・鷺巣政安、作画・毛内節夫、美術・大隅敏弘

3月号　ひな祭り。洋装におしゃれをして得意げなワカメだが…（1P）
原作・長谷川町子、制作・エイケン、構図・鷺巣政安、作画・毛内節夫、美術・大隅敏弘

4月号　「ピッカピカの一ねんせいのまき」ピッカピカという言葉に反応する波平は…（1P）
原作・長谷川町子、制作・エイケン、構図・鷺巣政安、作画・毛内節夫、美術・大隅敏弘

5月号　動物園で落ちているお金を拾ったワカメにカツオは…（1P）
原作・長谷川町子、制作・エイケン、構図・鷺巣政安、作画・志村福治、美術・大隅敏弘

6月号　早くパジャマに着替えたひとに絵本をあげるというサザエに…（1P）
原作・長谷川町子、制作・エイケン、構図・鷺巣政安、作画・志村福治、美術・遠藤守俊

7月号　サイクリングに行くカツオを羨ましく思うワカメは…（1P）
原作・長谷川町子、制作・エイケン、構図・鷺巣政安、作画・毛内節夫、美術・遠藤守俊

8月号　波平とフネが新幹線で旅行に行くのを見送る一家だったが…（1P）※「小学一年生」1977年10月号のリメイク
原作・長谷川町子、制作・エイケン、構図・鷺巣政安、作画・毛内節夫、美術・大隅敏弘

9月号　サザエはタラオを無理やり昼寝させようとするが…（1P）
原作・長谷川町子、制作・エイケン、構図・鷺巣政安、作画・大隅夫美雄、美術・遠藤守俊

10月号　「がんばれカツオのまき」運動会でカツオは走っている姿をカメラに写すよう波平にお願いするが…（1P）
原作・長谷川町子、制作・エイケン、構図・鷺巣政安、作画・大隅夫美雄、美術・大隅敏弘
※「小学一年生」1975年10月号のキャラ変えリメイク、これで二度目のリメイクになる。

11月号　「お月見のまき」月見の団子を盗み食いしようとするカツオとワカメだったが…（1P）※「小学二年生」1975年10月号のリメイク
原作・長谷川町子、制作・エイケン、構図・鷺巣政安、作画・大隅夫美雄、美術・遠藤守俊

12月号　タラオにケーキをひとくちわけるサザエを見たカツオは…（1P）
原作・長谷川町子、制作・エイケン、構図・鷺巣政安、作画・城戸二喜、美術・遠藤守俊

1981年

1月号　波平が家に帰ると、門前に大きな雪だるまができていて…（1P）
原作・長谷川町子、制作・エイケン、構図・鷺巣政安、作画・毛内節夫、美術・遠藤守俊

2月号　凧揚げをしたいカツオに、洗濯物を干すのを手伝うよう頼むサザエは…（1P）
原作・長谷川町子、制作・エイケン、構図・鷺巣政安、作画・毛内節夫、美術・遠藤守俊

3月号　サザエが子どもたちとの集合写真を撮ろうとして…（1P）※「小学一年生」1977年7月号のキャラ変えリメイク
原作・長谷川町子、制作・エイケン、構図・鷺巣政安、作画・毛内節夫、美術・遠藤守俊

4月号　友だちと登校する兄妹、危ないから一列に歩くようにといわれ…（1P）
原作・長谷川町子、制作・エイケン、構図・鷺巣政安、作画・毛内節夫、美術・遠藤守俊

5月号　池の魚を観察するタラオ、大きな鯉をみつけてびっくりするが…（1P）※「小学一年生」1972年5月号のリメイク
原作・長谷川町子、制作・エイケン、構図・鷺巣政安、作画・毛内節夫、美術・遠藤守俊

6月号　「タマがパンダにへんしんのまき」動物園のパンダが人混みで見れなくて残念がるタラオにカツオは…（1P）
原作・長谷川町子、制作・エイケン、構図・鷺巣政安、作画・毛内節夫、美術・遠藤守俊

7月号　カツオがサザエに誕生日プレゼントだとネックレスをプレゼントするが…（1P）
原作・長谷川町子、制作・エイケン、構図・鷺巣政安、作画・毛内節夫、美術・遠藤守俊

8月号　縁日で急な雨に降られ、屋台に雨宿りを乞うサザエたちだったが…（1P）
原作・長谷川町子、制作・エイケン、構図・鷺巣政安、作画・福田浄二、美術・遠藤守俊

9月号　プールで遊ぶとワカメに言われ、意気揚々と準備するカツオだったが…（1P）
原作・長谷川町子、制作・エイケン、構図・鷺巣政安、作画・毛内節夫、美術・遠藤守俊

10月号　運動会でカツオは走っている姿をカメラに写すようサザエにお願いするが…（1P）
※「小学一年生」1980年10月号のリメイク、これで三度目のリメイクになる。
原作・長谷川町子、制作・エイケン、構図・鷺巣政安、作画・毛内節夫、美術・遠藤守俊

11月号　サザエが庭にいるカツオに「宿題まだでしょ」と追いかけるが、カツオは部屋にもいて…（1P）
原作・長谷川町子、制作・エイケン、構図・鷺巣政安、作画・志村福治、美術・遠藤守俊

12月号　手品を見て驚いたカツオたち、家に帰って真似してみるが…（1P）※「小学一年生」1975年7月号のリメイク
原作・長谷川町子、制作・エイケン、構図・鷺巣政安、作画・福田浄二、美術・遠藤守俊

1982年

1月号　サザエたちはレストランに行くが満席だった。ワカメが空席を見つけるが…（1P）
原作・長谷川町子、制作・エイケン、構図・鷺巣政安、作画・毛内節夫、美術・遠藤守俊

2月号　タラオの凧揚げを手伝ってやるカツオ、何故かはしごをかついでいるが…（1P）
原作・長谷川町子、絵・制作・エイケン、構図・鷺巣政安、作画・小川国光、美術・遠藤守俊

3月号　卵が足りないことに気づいたサザエ、カツオを疑うが…（1P）
原作・長谷川町子、制作・エイケン、構図・鷺巣政安、作画・福田浄二、美術・遠藤守俊

「小学二年生」1969年12月号〜1976年7月号

1969年

12月号　家族で出かけようとする磯野家、しかし空き巣を狙う泥棒がいて…（2P）
原作・長谷川町子、制作・TCJ動画センター、構成・小室常夫、作画・関修一

1970年

1月号　お正月、カツオ・波平・マスオの三人は写真コンクールをやろうと外へ出て…（2P）
原作・長谷川町子、制作・TCJ動画センター、構成・小室常夫、作画・関修一

2月号　今日は節分、カツオがはりきって豆をまこうとするが、ワカメたちがいたずらして…（2P）
原作・長谷川町子、制作・TCJ動画センター、構成・小室常夫、作画・関修一

3月号　ひな祭り。女の子の日だからと波平とマスオはご馳走を作ろうとするが…（2P）
原作・長谷川町子、制作・TCJ動画センター、構成・小室常夫、作画・関修一

4月号　「おやふこうのまき」一家でハイキングに出かける。波平の頭に蝶々がとまるというサザエだが…（2P）
原作・長谷川町子、制作・TCJ動画センター、構成・小室常夫、作画・大隅夫美雄

5月号　「くじらのぼりのまき」鯉のぼりを自慢する友だちに「うちにはくじらのぼり」があると嘘をついたカツオは…（2P）
原作・長谷川町子、制作・TCJ動画センター、構成・小室常夫、作画・降幡八重子

6月号　「しおひがりのまき」潮干狩りに行くが、ワカメたちとはぐれてしまい大騒動に…（2P）
原作・長谷川町子、制作・TCJ動画センター、構成・小室常夫、作画・福田きよむ

7月号　家族で大阪万博に！記念写真を撮ろうとして転んだサザエは外国人に助けられて…（2P）
原作・長谷川町子、制作・TCJ動画センター、構成・小室常夫、作画・降幡八重子

8月号　キャンプへ。飯盒でご飯を炊く準備をするサザエにカツオは…（2P）
原作・長谷川町子、制作・TCJ動画センター、構成・小室常夫、作画・降幡八重子

9月号　マスオと波平は子ども達を怖がらせようとおばけの格好に扮するが…（2P）
原作・長谷川町子、制作・TCJ動画センター、構成・小室常夫、作画・降幡八重子

10月号　おねしょをしてしまったカツオ。いじけて屋根の上にのぼってしまうが…（2P）
原作・長谷川町子、制作・TCJ動画センター、構成・小室常夫、作画・降幡八重子

11月号　山登りに。やまびこが楽しくて思い思いの言葉を叫んでみるが…（2P）
原作・長谷川町子、制作・TCJ動画センター、構成・小室常夫、作画・降幡八重子

12月号　大人たちにサンタクロースなんていないと豪語するカツオとワカメは…（2P）
原作・長谷川町子、制作・TCJ動画センター、構成・小室常夫、作画・降幡八重子

1971年

1月号　お正月、挨拶に来たおじさん夫婦にお年玉をもらうカツオとワカメだが…（2P）
原作・長谷川町子、制作・TCJ動画センター、構成・降幡八重子、作画・福田きよむ

2月号　氷の張った水たまり。スケートの選手だったという波平は滑って転んでしまう…（2P）
原作・長谷川町子、制作・TCJ動画センター、構成・河内功、作画・福田きよむ

3月号　ひな祭り。カツオは遊んでいたボールを雛人形にぶつけてしまうが…（2P）
原作・長谷川町子、制作・TCJ動画センター、構成・河内功、絵・降幡八重子

4月号　カメラを持つカツオ、山田さんという女の子に写真を撮ってと頼まれて…（2P）
原作・長谷川町子、制作・TCJ動画センター、構成・河内功、作画・中谷晴美

5月号　柱に刻んだ背丈の傷、波平のものは毛の分が含まれているといいだしたカツオは…（2P）
原作・長谷川町子、制作・TCJ動画センター、構成・河内功、作画・関修一

6月号　服にかびが生えていることに気づいたサザエ、押入れの心配をするが…（2P）
原作・長谷川町子、制作・TCJ動画センター、構成・河内功、作画・麻耶摩ひろ志

7月号　七夕の短冊に願い事を書くカツオたち、その内容は…（2P）
原作・長谷川町子、制作・TCJ動画センター、構成・河内功、作画・麻耶ひろし

8月号　海水浴に行くが混雑している、場所をとるためにカツオが準備した案とは…（2P）
原作・長谷川町子、制作・TCJ動画センター、構成・河内功、作画・麻耶ひろし

9月号　登山へ。登山ルックをほこらしげに披露するワカメは…（2P）
原作・長谷川町子、制作・TCJ動画センター、構成・河内功、作画・麻耶ひろし

10月号　運動会に向けて二人三脚の練習をするカツオ、しかしあまり自信がないようで…（2P）
原作・長谷川町子、制作・TCJ動画センター、構成・河内功、作画・北原むつを

11月号　他所の柿の木を狙うカツオとワカメ、その家のおじいさんに捕まって…（2P）
原作・長谷川町子、制作・TCJ動画センター、構成・河内功、作画・麻耶ひろ志

12月号　クリスマスは自動車がいいという子どもたちにおもちゃの車を用意したサザエは…（2P）
原作・長谷川町子、制作・TCJ動画センター、構成・河内功、作画・北原むつお

1972年

1月号　福笑いを楽しむ子どもたち。サザエが見本を見せようとするが…（2P）
原作・長谷川町子、制作・TCJ動画センター、構成・河内功、作画・麻耶ひろ志
2月号　小さな雪だるまをつくったタラオ、夜になると外は寒そうで…（2P）
原作・長谷川町子、制作・TCJ動画センター、構成・北原睦雄、作画・中川えり子
3月号　ひな祭り。おめかしをするワカメを羨ましがるタラオは…（2P）
原作・長谷川町子、制作・TCJ動画センター、構成・麻耶ひろ志、作画・北原むつを
4月号　今日はエイプリルフール、さっそくカツオはいたずらを実行するが…（2P）
原作・長谷川町子、制作・TCJ動画センター、構成・北原むつを、作画・麻耶ひろ志
5月号　変装するカツオとタラオ、ワカメたちはリボンやかつらがないことに気づき…（2P）
原作・長谷川町子、制作・TCJ動画センター、構成・麻耶ひろ志、作画・北原むつを
6月号　歯の衛生週間。一番に歯を磨こうとするワカメにカツオはいたずらを閃いて…（2P）
原作・長谷川町子、制作・TCJ動画センター、構成・摩耶ひろし、作画・北原むつを、背景・武井明

7月号　七夕。カツオは短冊に「ウルトラマンA」になりたいと書くと…（2P）※「小学三年生」1971年7月号の部分リメイク
原作・長谷川町子、制作・TCJ、構成・北原むつを、作画・中川ひろ子、美術・武井明

8月号　海に来たが、海中パンツを忘れてしまったカツオはこんぶを見つけて…（2P）
原作・長谷川町子、制作・TCJ、構成・北原むつを、作画・中川ひろ子、背景・武井明

9月号　キャンプにきたサザエたち。カツオは落とし穴をつくるが…（2P）
原作・長谷川町子、制作・TCJ、構成・北原むつを、作画・中川ひろ子、美術・武井明

10月号　運動会。障害物競走に挑むカツオは、波平の教えを守ろうとするが…（2P）
原作・長谷川町子、制作・TCJ、構成・北原むつを、作画・中川ひろ子、美術・武井明

11月号　家族内で絵のコンクール。カツオが描いたのはサザエの似顔絵で…（2P）
原作・長谷川町子、制作・TCJ、構成・麻耶ひろ志、作画・北原むつを、美術・武井明

12月号　サンタクロースはえんとつからやってくると教えられた子どもたちは…（2P）
原作・長谷川町子、制作・TCJ、構成・北原むつを、作画・麻耶ひろ志、美術・武井明

1973年

1月号　羽根つきで遊ぶカツオとワカメ、ワカメは墨と別に何故か白いインクも持って来て…（2P）
原作・長谷川町子、制作・TCJ動画センター、構成・作画・麻耶ひろし、美術・武井明

2月号　パンタの飼育員がもてると知って、珍しいものを欲しがるワカメだが…（2P）
原作・長谷川町子、制作・TCJ、構成・北原むつを、作画・瀬尾保、美術・武井明

3月号　タンスの引き出しがないことに気づいたサザエは警察に通報するが…（2P）
原作・長谷川町子、制作・TCJ動画センター、構成・まやひろし、作画・瀬尾保、美術・武井明

4月号　一等の自転車が欲しくて、かそう大会に出場するカツオ、みごと優勝するが…（2P）
原作・長谷川町子、制作・TCJ動画センター、構成・北原むつを、作画・瀬尾保、美術・武井明

5月号　柱に刻まれた身長の傷。誰のものかわからない傷があって…（2P）
原作・長谷川町子、制作・TCJ動画センター、構成・北原むつを、作画・瀬尾保、美術・太田宏

6月号　波平の鉢植えを割ってしまったカツオ。波平に細かくサービスをするが…（2P）
原作・長谷川町子、制作・TCJ動画センター、構成・みなとだいすけ、作画・瀬尾保、美術・武井明

7月号　七夕の短冊に「大きくなりますように」と書いたタラオは…（2P）
原作・長谷川町子、制作・TCJ動画センター、構成・絵・北原むつを、美術・武井明

8月号　カツオのガールフレンドが家にやってくる。カツオは波平に怖い話をねだるが…（2P）
原作・長谷川町子、制作・TCJ動画センター、構成・みなとだいすけ、作画・瀬尾保

9月号　海でカニにはさまれるワカメ、捕まえるがカツオにしたがって逃してやることにする…（2P）
原作・長谷川町子、制作・TCJ動画センター、構成・みなとだいすけ、作画・瀬尾保、美術・武井明、彩色・関孝行

10月号　運動会の前夜、徒競走で一位をとる夢を見るカツオ。当日はりきって走り出すが…（1P）
原作・長谷川町子、絵・制作・エイケン、構成・作画・北原睦雄、美術・武井明

11月号　お出かけする子どもたち、近所の人にどこにいくのか問われて…（2P）
原作・長谷川町子、制作・エイケン、構成・北原むつを、作画・瀬尾保、背景・武井明

12月号　クリスマス、本物のピアノが欲しいワカメはサンタクロースを捕まえようとして…（2P）
原作・長谷川町子、制作・エイケン、構成・作画・北原むつを、背景・武井明

1974年

1月号　正月にお客さん。サザエを呼んだワカメだったが…（1P）
原作・長谷川町子、制作・エイケン、構成・作画・北原むつを

2月号　TVの料理番組を見るサザエ、見まねでつくってみるがどうもおかしくて…（1P）
原作・長谷川町子、制作・エイケン、構成・北原むつを、作画・瀬尾保、背景・武井明

3月号　「きょうはひなまつりのまき」ワカメが家に帰ると友だちが沢山待っていたが…（1P）
原作・長谷川町子、制作・エイケン、構成・北原むつを、作画・瀬尾保、背景・太田宏

4月号　桜を見に行くが、ワカメのスカートが枝に引っかかって破れてしまい…（1P）
原作・長谷川町子、制作・エイケン、構成・ふじたつとむ、作画・北原むつお

5月号　ワカメはこいのぼりを足からはいて、人魚姫をきどるがぬけなくなってしまい…（1P）
原作・長谷川町子、制作・エイケン、構成・みなとだいすけ、作画・北原むつお、美術・武井明

6月号　タラオはワカメとカツオがそれぞれ泣いているのを見て…（1P）
原作・長谷川町子、制作・エイケン、案・絵・北原むつお、美術・武井明

7月号　サイクリングに行きたいカツオ、波平は許してくれず…（1P）
原作・長谷川町子、制作・エイケン、構成・作画・北原むつお、美術・武井明

8月号　縁日で金魚すくい、どんどんとるカツオに対して、なかなかとれないワカメだが…（2P）
原作・長谷川町子、制作・エイケン、構成・作画・北原むつお、美術・武井明

9月号　夏休み明け。日焼けしたワカメはクラスメイトの黒さにびっくりし…（1P）
原作・長谷川町子、制作・エイケン、案・絵・北原むつを、美術・武井明

10月号　運動会で借り物競走に挑戦したサザエは「こいぬ」を探すことになって…（2P）
原作・長谷川町子、制作・エイケン、案・絵・北原むつを、美術・武井明

11月号　もみじやいちょう。色んな葉を探すワカメとタラオだが…（1P）
原作・長谷川町子、制作・エイケン、構成・みなとだいすけ、作画・北原むつお、背景・武井明

12月号　ワカメがタラオや小さい子どもたちとけんかしているのをみつけたサザエは…（1P）
原作・長谷川町子、制作・エイケン、絵・北原むつを、案・美術・武井明

1975年

1月号　お年玉の値上げを要求する子どもたちだが…（1P）
原作・長谷川町子、制作・エイケン、作画・構成・北原むつを、美術・武井明

2月号　家族でカルタ取りで遊んでいたがタラちゃんが…（1P）
原作・長谷川町子、制作・エイケン、案・みなとだいすけ、作画・北原むつを、美術・武井明

3月号　着物を着たままお行儀の悪い座り方をするワカメをサザエはたしなめるが…（1P）
原作・長谷川町子、制作・エイケン、作画・北原むつお、背景・武井明

4月号　今日から新学期。きれいと褒める通行人に照れるワカメだが…（1P）
原作・長谷川町子、絵・制作・エイケン、作画・瀬尾保、美術・武井明

5月号　猫にお魚を盗られてしまうサザエ、対策に用いたものは…（1P）
原作・長谷川町子、絵・制作・エイケン、構成・毛内節夫、作画・瀬尾保、美術・武井明

6月号　露天商からおもちゃのカエルを買ったカツオは…（1P）
原作・長谷川町子、絵・制作・エイケン、構成・毛内節夫、作画・瀬尾保

7月号　短冊に願い事を書こうとしたワカメは…（1P）
原作・長谷川町子、絵・制作・エイケン、構成・さぎすまさやす、作画・瀬尾保

8月号　テレビでホラー映画？が流れている、サザエを驚かそうとしたカツオとワカメは…（1P）
原作・長谷川町子、絵・制作・エイケン、構成・さぎすまさやす、作画・瀬尾保、美術・武井明

9月号　ハイキング、くたびれたカツオは一人先にお弁当を食べようとしたが…（1P）
原作・長谷川町子、絵・制作・エイケン、構成・さぎすまさやす、作画・瀬尾保

10月号　お月見を楽しむ一家。カツオとワカメは団子を盗もうとして…（1P）
原作・長谷川町子、制作・エイケン、構成・さぎすまさやす、作画・国保誠

11月号　子どもたちが何か企んでいることに気づいたサザエ。すると庭から煙がたちあがって…（1P）
原作・長谷川町子、絵・制作・エイケン、構成・さぎすまさやす、作画・国保誠、美術・武井明

12月号　クリスマスプレゼント。タラオは自分が一番小さいと泣き出すが…（1P）
原作・長谷川町子、絵・制作・エイケン、構成・さぎすまさやす、作画・瀬尾保、美術・武井明

1976年

1月号　大掃除をする一家。サザエはカツオの部屋の片付けを手伝おうとするが…（1P）
原作・長谷川町子、絵・制作・エイケン、構成・さぎすまさやす、作画・瀬尾保、美術・武井明

2月号　書き初めをするサザエの筆と墨を借りたワカメは…（1P）
原作・長谷川町子、絵・制作・エイケン、構成・さぎすまさやす、作画・瀬尾保、美術・武井明

3月号　ひな祭りに着飾ったワカメ。でも、みんなお雛様のことばかり褒めて…（1P）
原作・長谷川町子、絵・制作・エイケン、構成・さぎすまさやす、作画・瀬尾保、美術・武井明

4月号　今日はエイプリルフール。「お父さんが大変だ」と駆け込んでくるカツオだが…（1P）
原作・長谷川町子、絵・制作・エイケン、構成・さぎすまさやす、作画・瀬尾保、美術・武井明

5月号　こいのぼりを欲しがるタラオにカツオは…（1P）
原作・長谷川町子、絵・制作・エイケン、構成・さぎすまさやす、作画・瀬尾たもつ、美術・武井明

6月号　山のぼりにきたサザエたち、頂上について急に元気になるカツオとワカメだったが…（1P）
原作・長谷川町子、絵・制作・エイケン、構成・さぎすまさやす、作画・鈴木みつゆき

7月号　七夕の短冊書き。雨が降りそうなのでタラオは…（1P）
原作・長谷川町子、絵・制作・エイケン、構成・さぎすまさやす、作画・瀬尾たもつ

「小学三年生」1971年4月号〜1971年10月号

1971年

4月号　お花見会場。他所のひとたちのお弁当を盗み食いしていくカツオだったが…（2P）
原作・長谷川町子、制作・TCJ動画センター、構成・河内功、作画・北原睦雄

5月号　連休はピクニックに行く約束だと波平とマスオにつめよるサザエたちは…（2P）
原作・長谷川町子、制作・TCJ動画センター、構成・河内功、作画・北原睦雄

6月号　雨だから、出かけているフネに傘を持って行ってあげなさいと指示する波平にサザエたちは…（2P）
原作・長谷川町子、制作・TCJ動画センター、構成・河内功、作画・北原むつを

7月号　短冊に願いを書くカツオとワカメはその日の夢の中で…（2P）
原作・長谷川町子、制作・TCJ動画センター、絵・麻耶ひろし

8月号　カツオは海、ワカメは山に行きたがるので波平は…（2P）
原作・長谷川町子、制作・TCJ動画センター、作画・麻耶ひろ志

9月号　「しゅくだいのまき」カツオはワカメの絵のモデルになることになって…（2P）
原作・長谷川町子、制作・TCJ動画センター、作画・麻耶ひろ志

10月号　ハイキングに電車で向かう一家、カツオは張り切って席を確保に走るが…（2P）
原作・長谷川町子、制作・TCJ動画センター、作画・麻耶ひろ志

あとがき

1969年。昭和天皇が奥崎謙三にパチンコで狙撃され、アポロ11号が月面に着陸し、日本プロ野球界が黒い霧事件で騒然となった激動の年に、アニメ『サザエさん』は産声をあげた。それから約半世紀の間、サザエさんは我々視聴者を2代、あるいは3代にわたって楽しませ続けてくれている。

こう書くとアニメ『サザエさん』はよく言えば安定した、悪く言えば変わり映えしないコンテンツであるような印象を受けるが、決してそんなことはない。本書でも触れた通り、テレビを見る側が、サザエさんならではの古さを逆に楽しむようになってきたのだ。

もっとも、いまだに黒電話や二槽式洗濯機を使っているとツッコまれる磯野家も、生活のすべてが昭和からアップデートされていないというわけではない。現に、東京スカイツリー登場回ではデジタルカメラを所有していたことが発覚し、その後の回でも再びデジタルカメラが登場した際はちょっとした話題になっていた（註）。

他の作品ならば当然のこととして流されるであろう描写が、サザエさんにおいては多大な驚きをもって迎えられる。これは多くの視聴者の中で『サザエさん』という作品に対するイメージが固まっている証左であり、だからこそ、イメージが崩れるような描写が出てきたときの反響は大きいのだ。

サザエさん実況は、視聴者の驚きをインターネットを介して書き込む文化である。もちろん視聴者がその場で考えたものであり、何か深いものがあるわけでもないが（むしろ表層的である）、それをネットで即座に共有できる、という体験の同時性こそ、サザエ実況の面白さのひとつではないだろうか。

本書においても、キャラクターやシナリオについて、できるかぎり普段の実況時に注目するような点を中心に言及したつもりだ。『アニメ　サザエさん実況』というタイトルを冠する以上、サザエ実況未見の人に対し、アニメ『サザエさん』の魅力と、その魅力に惹かれる実況勢はどんな点に注目しているのかについて紹介する必要がある。

我々こそがアニメ『サザエさん』の楽しみ方を理解した人間である、などとおこがましいことを言うつもりはないが、本書を通して、少しでもサザエ実況というものの雰囲気を伝えることができたのならば、望外の幸運である（少しばかり悪ノリをしてしまった部分もあるが、それも含めての〈実況〉文化だと思っていただければ……）。

戦後の混乱冷めやらぬ中、新聞4コマとして始まった『サザエさん』。それがアニメとしてテレビの電波に乗り、放送開始から半世紀近く経った今ではインターネットやSNSを通じて新たな楽しみ方が生まれているという事実に驚きを禁じ得ないが、この現象は作品自体が持つ力が成せる技だろう。作品自体に魅力があるからこそ、実況を楽しむ人々の間で独自のスラングや文化が生まれていくのだ。

本書を手にとっていただいたみなさまも、ぜひこの愉快な空間に足を踏み入れてみてはいかがだろうか。

（註）『作品No.７４３５　カツオ名、カメラマンへの道』（２０１６年3月27日放送、脚本：小林英造、演出：森田浩光）、『作品No.７５２０　こだわりの一枚』（２０１６年10月9日放送、脚本：城山昇、演出：牛草健）

「サザエさん」にデジカメが登場 視聴者から驚きの声 http://news.livedoor.com/article/detail/12132133/

本文中に触れられていない主な参考文献

『アニメ サザエさん公式大図鑑　サザエでございま～す!』2011 扶桑社
『ありがとう45周年！ みんなのサザエさん展 パンフレット』2013 フジテレビジョン
「アニメーションノート No.04」2007 誠文堂新光社
Wikipedia「サザエさん（アニメ）」
サザエさん公式WEBサイト　http://www.sazaesan.jp/
「サザエさん（アニメ版）データベース＠ウィキ」 https://www24.atwiki.jp/sazaesannokiroku/
「サザエさん市場」 http://www.sazaesanitiba.com
毎日新聞 2013年10月4日夕刊「サザエさん完全デジタル制作に」
アニメ『サザエさん』をネット上で愉しむみなさんによる書き込みやつぶやき

＊「雪室俊一論」で引用した「実践的入門作法」は、本書関係者が個人的に所持していた同名記事のコピーを参照している。雪室氏がなにかしらの商業出版物（おそらく共著）に執筆した記事であることは間違えないが、今回の調査では正確な出典を突き止めることができなかった。今後も調査は続けたいが、何卒ご留意いただけると幸いである。

アニメ サザエさん実況

2019年9月17日 第1刷発行

著 者 あさひが丘サザエ実況同好会
発行人 稲村 貴
編集人 平林和史
発行所 株式会社 鉄人社
〒102-0074 東京都千代田区九段南3-4-5フタバ九段ビル4F
TEL 03-5214-5971
FAX 03-5214-5972
http://tetsujinsya.co.jp/

デザイン 細工場
印刷・製本 新灯印刷株式会社

ISBN978-4-86537-172-7 C0095